CLIENTI-VIDADE®

CÉSAR SOUZA

A ARTE DE FALAR A LINGUAGEM DO CLIENTE

CLIENTIVIDADE®

5ª edição

best.
business

RIO DE JANEIRO – 2021

CIP-BRASIL. CATALOGAÇÃO NA PUBLICAÇÃO
SINDICATO NACIONAL DOS EDITORES DE LIVROS, RJ

Souza, César

S714c Clientividade: a arte de falar a linguagem do cliente /
5. ed. César Souza. - 5. ed. - Rio de Janeiro: Best Business, 2021.

ISBN 978-65-5670-007-6

1. Clientes – Contatos. 2. Sucesso nos negócios. 3. Satisfação do consumidor. I. Título.

CDD: : 658.812
21-69778 CDU: 658.818.2

Meri Gleice Rodrigues de Souza – Bibliotecária – CRB-7/6439

Copyright © César Souza, 2015

Design de capa: Leticia Quintilhano

Todos os direitos reservados. Proibida a reprodução, armazenamento ou transmissão de partes deste livro, através de quaisquer meios, sem prévia autorização por escrito.

Texto revisado segundo o novo Acordo Ortográfico da Língua Portuguesa.

Direitos exclusivos de publicação em língua portuguesa para o Brasil adquiridos pela Best Business, um selo da Editora Best Seller Ltda. Rua Argentina 171 - 20921-380 - Rio de Janeiro, RJ - Tel.: (21) 2585-2000· Impresso no Brasil

ISBN 978-65-5670-007-6

Seja um leitor preferencial Record.
Cadastre-se em www.record.com.br
e receba informações sobre nossos
lançamentos e nossas promoções.

Atendimento e venda direta ao leitor:
sac@record.com.br

Agradecimentos

A todos aqueles com os quais aprendi, na prática, as bases para desenvolver

O PRINCÍPIO DA CLIENTIVIDADE®.

À minha notável agente Luciana Villas-Boas, que me encorajou a desengavetar projetos literários como este que agora você tem em mãos.

A Rodrigo Lacerda e equipe da Editora Record pela parceria ao longo do processo de reedição desta obra.

À sempre vigilante Cristina Nabuco, fiel escudeira dos meus textos.

Dedicatória

Aos diversos vendedores, atendentes, distribuidores, revendedores, franqueados, coordenadores de vendas, gerentes de marketing, diretores comerciais, corretores de seguros e de imóveis, lojistas, operadores de *call centers*, recepcionistas, comissários de bordo, *maîtres* e garçons, funcionários de redes hoteleiras, representantes, porteiros, secretárias, ambulantes, barraqueiros de praia, instaladores, prestadores de serviços de assistência técnica, caixas de bancos, balconistas, taxistas, agentes de viagem, empreendedores, professores.

Aos vários profissionais liberais — médicos, engenheiros, advogados, dentistas, arquitetos, decoradores, contadores.

A todos aqueles que não lidam diretamente com os clientes externos de uma empresa — profissionais das áreas jurídica, logística, tecnologia da informação, contabilidade, financeira, recursos humanos, produção, administração etc. —, mas que precisam entender com muito mais profundidade os desejos e as necessidades desses clientes, porque, afinal de contas, são eles que pagam os nossos salários.

Aos colegas da Empreenda, especialmente Cris Patsch, Milton Camargo e Alfredo Duarte, que acreditaram desde o primeiro momento em que me ouviram pronunciar o termo "clientividade".

Sumário

Prefácio, de Luiza Helena Trajano • **11**
Cliente é o centro

Introdução à nova edição • **13**
Clientividade na Era Digital

Introdução • **19**
O que os clientes dizem versus o que as empresas
    entendem

Parte 1

1. O Princípio da *Clientividade*® • **47**
A arte de falar a mesma linguagem do cliente

Parte 2

2. Quem é o cliente? • **71**
Todos *somos* clientes! Todos *temos* clientes!

Parte 3

**3. O que os clientes compram versus o que as
    empresas vendem** • **95**
Muito além do atendimento e do relacionamento!

Parte 4

**4. Como praticar a *clientividade* em todos
os níveis • 121**
Uma missão de todos... do porteiro ao presidente!

Parte 5

5. Aprendendo a "respirar cliente" • 133
Atitudes que fazem a diferença

Conclusão • 153
Leitor, agora faça acontecer!
Você está preparado?

Um bônus para você • 158
Workbook: Como elevar seu grau de clientividade
www.clientividade.com.br

Prefácio

Cliente é o centro

Luiza Helena Trajano

Presidente do Conselho de
Administração do Magazine Luiza

Sempre acreditei que o coração, a razão de qualquer empresa existir, são seus clientes, e que empresas que crescem demais ou criam mecanismos que afastam suas lideranças de seus clientes acabam perdendo sua essência.

Entre os vários livros de sucesso de César Souza, este *Clientividade®: a arte de falar a linguagem do cliente* traz reflexões importantes, como a do "solucionamento", fazendo-nos, de maneira lúdica, pensar e agir de forma a resolver questões simples com nossos clientes.

A tendência natural é que as empresas criem inúmeros protocolos e se escondam, dificultando a vida

12 | CLIENTIVIDADE

de seus clientes. A preocupação com isso tem que ser diária, temos que verificar a toda hora se estamos trocando de papel com o cliente, fazendo para ele aquilo que gostaríamos que nos fizessem.

Fico feliz de ver o sucesso deste livro, com várias reedições, pois traz expectativa de profundas mudanças no relacionamento entre empresas e clientes.

Boa leitura.

Introdução à nova edição

Clientividade na Era Digital

A Era Digital tem reconfigurado a vida empresarial. Muda a natureza dos negócios, com soluções disruptivas que destroem companhias tradicionais da noite para o dia. Muda o ritmo, passando de incremental a exponencial. Mudam as relações trabalhistas, com o acesso a meios de produção que tornam o presencial menos relevante. Muda o espaço do trabalho, de escritórios tradicionais para *co-working* e para o *home office*. Muda o conceito de resultados, com demanda imperativa pela escalabilidade. Muda a forma de educar e de aprender. Muda a filosofia, da propriedade dos bens para a valorização do acesso, levando à economia do compartilhamento. Muda a forma de liderar. Muda a forma de atrair, conhecer, atender, vender e fidelizar clientes!

Recentemente presenciei, em uma pizzaria, um jovem entregador chegar em uma bicicleta laranja, alugada de uma *startup*, para levar um pedido feito em um aplicativo. Em uma hamburgueria gourmet que costumo frequentar, na mesa ao lado, um rapaz estava feliz ao ver sua namorada chegar. O pedido já tinha sido pago por meio de um cupom que ele havia comprado antecipadamente em uma fintech. Durante o jantar, decidiram ir ao cinema. Compraram as entradas com desconto utilizando outro cupom. Pagaram as bebidas pelo *QR Code* de um aplicativo de meios de pagamento. Pediram um táxi pelo celular e saíram abraçados para curtir o filme. Já não é novidade que rapazes e moças encontrem seu "crush" através de meios digitais. Até na política o maior cabo eleitoral (lembra desse personagem?) passou a ser o celular. Sinal dos tempos!

Alerto, porém, que a transformação digital em diversos negócios, como, por exemplo, nesse delivery de pizzas ou na hamburgueria, não é sinônimo "apenas" de tecnologia nem se resume à utilização de aplicativos para reservas, pedidos, meios de pagamento etc. Envolve muito mais. A Clientividade na Era Digital exige um novo modelo mental, como um dos pilares da cultura das empresas que sobreviverão: **quanto mais sofisticada a tecnologia, maior a necessidade do contato humano**. Em algum momento, aquele jovem entregador de pizza vai interagir presencialmente com o cliente. E o jovem casal que estava sendo atendido face a face no restaurante, mais tarde, entrou fisicamente em um cinema para assistir ao filme.

A nova fronteira do relacionamento com os clientes não será apenas digital, será física e digital ao mesmo tempo. Clientividade na Era "FiGital" seria um termo mais apropriado para caracterizar o novo desafio do relacionamento com clientes e consumidores em vários negócios. Os vencedores saberão buscar a convergência entre o presencial e o virtual: essa "Experiência do Cliente" é a nova frente de batalha da Clientividade!

Vejamos o exemplo de uma empresa que tem conquistado grande sucesso como um dos ícones dessa nova Era: a Amazon, uma típica nativa digital. No momento em que a maioria das empresas migrava para iniciativas de *e-commerce*, entregas rápidas via aplicativos e soluções digitais, a Amazon parecia estar entrando na contramão da tendência do mercado, e surpreendeu a todos ao começar a adquirir pontos de vendas para estruturar redes de lojas físicas como mercearias e livrarias. A "Amazon Go" e a "Amazon Books" são exemplos evidentes dessa busca por um relacionamento presencial com seus clientes, que complementa o grande êxito virtual do seu pioneiro modelo de negócios.

Aqui no Brasil, o Magazine Luiza tem se destacado dos concorrentes, de forma notável, por ter formatado uma extraordinária sinergia entre a operação das suas lojas físicas e soluções de comércio virtual. A empresa desenvolveu um modelo de negócios muito bem-sucedido que se transforma em *benchmark* no Mundo do Varejo. Esse processo envolve explorar todas as mais sofisticadas e modernas tecnologias para conhecer os hábitos de compra e consumo dos seus clientes através do *data analytics* e, assim, incrementar exponencialmente aspectos como distribuição, entrega, meios de pagamento e promoções, entre outros fatores, penetrando em territórios antes inatingíveis. Dessa forma, o Magalu continua firme na sua filosofia de encantar seus incontáveis clientes, tratando-os como fregueses únicos e emblemáticos.

A tecnologia jamais deve se transformar em instrumento que afaste os clientes da marca e da convivência com as equipes da empresa. Pelo contrário, deve ser sempre utilizada como ferramenta para facilitar a interação com clientes, tornando esse fluxo mais ágil, agradável, interativo, simpático e eficiente.

Sabemos que não existe cliente encantado em empresas que contam com funcionários insatisfeitos ou improdutivos. Por esse motivo, é importante perceber que os avanços tecnológicos também estão afetando bastante a gestão das equipes dentro de uma empresa, sejam atendentes, vendedores ou funcionários internos, que trabalham em suporte a quem está na linha de frente, interagindo com os clientes.

A natural entrada dos jovens com um *mindset* muito mais digital no mercado de trabalho tende a tornar mais complexos os desafios dos líderes e gestores tradicionais. Esse novo contingente de profissionais impactará cada vez mais o relacionamento com os clientes.

Não precisamos mais compartilhar o mesmo espaço físico para o trabalho. Podemos fazê-lo de casa (*home office*), no carro, metrô ou até mesmo de outra cidade ou país, via conferência de voz ou vídeo, com transmissão on-line de dados e imagens a distância. Há bastante tempo já podemos nos comunicar, trabalhar e produzir de forma remota.

Assim, a supervisão tradicional e física perdeu o sentido. Os líderes e gestores precisam encontrar outras formas de monitorar suas equipes. Nessa nova realidade, mais virtual e menos física, o controle da produtividade e a arte de cultivar os valores de uma empresa passaram a ser imensos desafios. Como fazer isso e ainda cultivar a atitude de "respirar clientes 24 x 7" quando o acesso a todo tipo de informação parece ilimitado?

No futuro, serão esses jovens profissionais, com esse novo modelo mental e hábitos digitais, que estarão interagindo com clientes também cada vez mais digitais e menos analógicos.

Estamos dando um salto rumo a um mundo em que o acesso a dados pessoais, cuja privacidade só agora começa a ser discutida, passará a ser o "novo petróleo", como alguns analistas já anteciparam. E, com o avanço da tecnologia, tudo estará conectado –

inteligência artificial, internet das coisas, robótica, 5G, automação etc. –, viabilizando o crescimento exponencial das relações digitais e presenciais entre as empresas e seus clientes e consumidores. Essa será a nova jornada da Clientividade! Seja bem vindo(a) à Era FiGital!

Introdução

O que os clientes dizem versus o que as empresas entendem

— *Cliente é uma responsabilidade de todos... do porteiro ao presidente.*

Com essa provocação e sem meias-palavras, o jovem fundador da empresa começou a reunião que mandara a sua secretária convocar às pressas com a gerente comercial e o responsável pelo marketing, tão logo desembarcara da sua viagem de férias.

Estava transtornado com as experiências lamentáveis que tivera durante os dez dias da prometida "nova lua de mel" com a esposa. Pretendia desanuviar a relação, bastante prejudicada pela enorme carga de trabalho e estresse a que tinha se submetido nos últimos três anos. Durante todo esse tempo, o máximo que o casal havia conseguido foram quatro ou cinco finais de semana prolongados, no seu apartamento na praia, que quase não frequentavam devido aos intensos engarrafamentos principalmente na volta para casa.

Começou a reunião narrando com detalhes, e em tom de desabafo, o primeiro dos vários dissabores das suas "férias":

"Meu cartão de crédito foi recusado em um restaurante em Gramado, logo no dia da chegada, um sábado à noite. Foi um vexame, pois havia convidado os pais da minha esposa, que vivem naquela bela cidade gaúcha, para um jantar familiar. Não por falta de fundos, esforcei-me para explicar a causa do transtorno. O cartão estava vinculado a uma nova conta que havia aberto em um banco de tanto o gerente insistir para eu me tornar seu cliente. Recebi o cartão pelo correio na véspera de embarcar, então liguei para a pessoa que ele indicou para gerenciar minha conta, avisando que estava saindo de viagem naquele dia e pedi para ter o cartão habilitado. Apesar de ele me garantir que assim o faria, a providência não foi tomada. Como tinha pouco dinheiro em espécie no bolso e a ligação para conseguir a autorização para o uso do cartão estava demorando, meu sogro ofereceu-se para pagar com o cartão dele, tentando evitar maiores constrangimentos com os funcionários do restaurante e o gerente, que a essa altura já tinha sido mobilizado e a tudo observava sem conseguir disfarçar um sorriso irônico. Duro foi ter de ouvir, três dias depois, quando os convidei para um almoço, minha sogra dizer em tom de brincadeira, mas que me incomodou muito: 'Você tem certeza de que agora seu cartão vai funcionar ou terei de levar o meu?'".

Com um sorriso entre irônico e meio sem graça, ele então contou outro incidente desagradável:

"Na parada seguinte, chegamos a um conhecido *resort* em Santa Catarina em torno do meio-dia, mas tivemos de esperar três horas para entrar no apartamento. A reserva havia sido feita há mais de um mês. Saímos de Gramado bem cedo para pegarmos o voo de Porto Alegre para Florianópolis, pensando em aproveitar o dia na praia. No entanto, a moça da recepção do hotel alegou que o *check-in* só poderia ser feito a partir das 15h. Ao perceber dois casais pagando a conta para sair, sugeri que ela solicitasse à camareira que limpasse um dos apartamentos para que pudéssemos nos instalar. Ela argumentou que, se eu desejasse um quarto cedo, deveria ter pago uma diária a mais, desde a noite anterior. 'Esse é o nosso procedimento!', afirmou, parecendo orgulhosa de estar cumprindo a regra. Não adiantou pedir para falar com o gerente. Deixamos as malas na

22 | CLIENTIVIDADE

recepção e fomos almoçar. O sonhado banho de mar teve que ficar para mais tarde."

E continuou seu relato, manifestando a já indisfarçável contrariedade:

"Ontem, já de volta a São Paulo, entramos em uma farmácia para comprar 'coisas de mulher'. Minha esposa quis ir ao banheiro. Ao perguntar onde ficava, o caixa, com cara de poucos amigos, respondeu: 'Não temos banheiro público!'. Como eu demonstrei surpresa, ele ainda perguntou se poderia fazer algo para me ajudar. Fiquei indignado; minha mulher, furiosa. Disse que nós não éramos 'público', mas sim um casal de clientes que estava comprando um produto na farmácia. Ele rebateu dizendo que 'cliente' e 'público' são a mesma coisa. E acrescentou que o único banheiro da farmácia só atendia funcionários. Tive de subir o tom da voz e ameaçar engrossar para que, ostentando uma falsa cortesia que beirava a hipocrisia, uma moça viesse em nosso socorro, com as chaves do banheiro, 'convidando' minha mulher a usá-lo."

Fez uma breve pausa, passou a mão pelos cabelos ralos e perguntou à gerente comercial e ao responsável pelo marketing:

— O que há de comum nesses três incidentes?

Como nenhum dos dois se arriscou a responder, ele mesmo completou:

— Em nenhum desses casos era alguém responsável por vendas ou marketing que estava me tratando daquela forma.

E aí arrematou: — *As empresas gastam uma fortuna com propaganda, publicidade e promoções para atrair o cliente e quando este finalmente chega ao restaurante, ao hotel ou à farmácia, como nos exemplos dos quais fui vítima, as pessoas que lidam com o cliente não estão preparadas para atendê-lo de forma adequada. Por essa razão, sempre digo que cliente é muito importante para ficar nas mãos apenas do pessoal de vendas, marketing e atendimento.*

Após esse longo relato, ouvido atentamente pelos dois colaboradores, de certa forma desconcertados, ele perguntou:

Isso só acontece comigo ou com vocês também?

A insatisfação generalizada

Ambos desataram a falar, enumerando vários problemas de atendimento inadequado que tiveram ou queixas ouvidas de terceiros, referentes a empresas de telefonia fixa e móvel, TV por assinatura, bancos, supermercados, companhias aéreas, empresas de saneamento e eletricidade, transportadoras, lojas virtuais, escritórios de advocacia, imobiliárias, butiques em shopping centers, bares, taxistas, serviços de *call center*, enfim.

O responsável pelo marketing lembrou-se logo de uma situação criada pelo jurídico de uma imobiliária. Por causa de certo atraso no pagamento das prestações de um apartamento que comprara, um funcionário do setor financeiro ligou para sua residência e como não o encontrou, deixou um recado em tom educado, porém ameaçador, com a sua esposa que estava grávida: "A empresa não toleraria mais que três meses de atraso. Se pelo menos uma parcela não fosse quitada, iniciaria as providências cabíveis." Ao reclamar da imobiliária, argumentando que o erro era da empresa que não enviara o boleto da cobrança desde que mudara de endereço, começou um jogo de empurra entre o jurídico, a cobrança e a logística, típico de áreas que não lidam diretamente com o cliente. Contou, também muito rapidamente, uma situação desagradável envolvendo um amigo dele e uma empresa de plano de saúde.

Aí foi a vez de a gerente comercial lembrar-se de um caso ocorrido entre ela e um vendedor despreparado em Londres:

"Esse tipo de problema não ocorre apenas no Brasil. Fui a uma loja comprar uma filmadora. Depois de analisar diversas marcas e modelos durante quase uma hora, gostei mais de uma delas. O rapaz deu um sorriso amarelo e explicou que naquela loja só tinham aquele exemplar como mostruário e nenhuma outra em estoque para venda. Informou-me que podia encontrar em outra loja da mesma franquia, bem maior que aquela. O detalhe é que a loja ficava a pelo menos 50 minutos de táxi e uns 15 minutos de metrô. Perguntei se ele não podia ligar para a outra loja e verificar se possuíam a filmadora em estoque. De bate-pronto respondeu que não, pois tinha outros clientes para atender e normalmente quando ligava perdia 15 minutos ao telefone. E com aquele inconfundível humor britânico fulminou: 'Exatamente o mesmo tempo para ir lá de metrô e conferir!'. Deu as costas e chamou o próximo..."

Em seguida, ela fez um detalhado relato sobre os dissabores que sua filha passou ao comprar uma bateria para o seu computador, de uma conhecida fabricante. Havia cerca de três meses, a jovem tentara fazer a compra pelo site da empresa. O equipamento já tinha cerca de dois anos de uso, mas o item não estava mais relacionado. Entrou em contato com a fabricante pelo telefone para efetuar a compra e foi atendida por uma consultora gentil e atenciosa, que efetuou a transação de forma muito competente. Foi informada que o prazo de entrega seria de quatro semanas, e a forma de pagamento, à vista. Aceitou ambas as condições.

26 | CLIENTIVIDADE

Teve uma surpresa agradável quando, depois de 12 dias da compra feita, recebeu a bateria no endereço indicado. Portanto, muito antes do combinado. Assim que tentou instalá-la, observou que o notebook a reconhecia, podia ser ligado com o que restava de carga, contudo não a carregava.

Sua filha entrou em contato imediatamente com a central de atendimento à procura de auxílio para solucionar o problema. A primeira informação que obteve do atendente foi a de que seu micro não estava mais na garantia. Insistiu para que pudesse orientá-la sobre o que fazer, pois um equipamento que só funciona conectado à eletricidade tem serventia limitada. Ele, então, procurou pela autorização de um superior para poder conectar-se ao micro dela remotamente. Obtida a autorização, acompanhou o procedimento pelo notebook, e depois de intermináveis minutos de averiguação, ouviu o diagnóstico de que o problema estava no equipamento. O atendente não poderia dizer qual era o problema e só faria a verificação depois que a bateria fosse devolvida pela cliente e recebida pela empresa.

Começou, então, a "operação de devolução". Telefonemas e e-mails de orientação e satisfação sobre o porquê de estar devolvendo o objeto comprado, e, finalmente, depois de quase três semanas, chegou a confirmação de que poderia fazer a devolução pelo correio — por meio de uma senha de postagem sem custos.

Na semana posterior ao envio, depois que foi confirmada a chegada da bateria, o serviço técnico informou que deveria ligar para o pessoal de suporte e comprar a bateria certa. Assim foi feito. Nesse meio-tempo, a jovem recebeu um e-mail malcriado da vendedora afirmando que a bateria que havia sido comprada e devolvida era a certa.

Muitíssimo insatisfeita com a fabricante, ela pegou o notebook, levou até o centro de São Paulo e, numa loja de rua, obteve o diagnóstico: o problema era a fonte de energia do aparelho. Ela havia quebrado e, na impossibilidade de encontrar uma original, foi trocada por uma fonte genérica, que era incapaz de reconhecer e carregar a bateria. Tão simples... E tão complicado!

A gerente comercial finalizou sua narrativa revelando que a família era cliente fiel desse fabricante. Tinha três produtos dessa marca em casa. Depois desse desfile de incompetência e displicência com uma cliente assídua, começou a trocar a marca, até então preferida, por outra. Porém, nada a irritara tanto quanto o comercial do fabricante visto à noite na TV, proclamando "Nossos produtos são feitos pensando em você!".

O responsável pelo marketing trouxe uma informação interessante. Disse que havia lido em algum lugar os resultados de um estudo realizado nos Estados Unidos dizendo que são necessárias 12 experiências positivas para que um cliente possa relevar uma experiência desagradável com uma marca.

28 | CLIENTIVIDADE

Os demais nunca haviam ouvido falar dessa pesquisa. Mas esse comentário os fez recordar de casos exemplares e surpreendentes de relacionamento com clientes. Um deles foi relatado pelo responsável pelo marketing. Uma oficina mecânica deu um verdadeiro show de eficiência quando ele necessitou consertar um defeito do seu carro. O dono da oficina foi buscar o automóvel em sua residência e, mais ainda, levou um carro igualzinho ao dele — marca, modelo, ano e cor — emprestado durante os três dias em que o seu veículo ficaria no conserto. Tudo isso sem cobrar aluguel. E depois, quando o carro ficou pronto, fez a entrega no escritório do cliente. Foi surpreendente!

Questionado sobre as razões para esse tipo de atendimento diferenciado, o dono da oficina respondeu: "Meu negócio não é apenas cuidar do carro, mas também cuidar do cliente!" Ao perceber que ele era um executivo ocupado, resolveu facilitar sua vida, fazendo-o economizar tempo e proporcionando o conforto de dirigir um automóvel ao qual estava acostumado.

Então, o responsável pelo marketing não resistiu à tentação de comentar: — Foi a maior lição que aprendi sobre a diferença entre preço e valor. O que esse mecânico fez não tem preço, tem valor — afirmou. E confessou também ter aprendido uma bela lição sobre posicionamento da marca com esse rapaz: — Ele diz que tem um salão de beleza para automóveis, e não uma mera oficina mecânica. Percebeu a diferença, chefe?

O empresário não se conteve e insinuou que cada um deles, ao estar na pele de um cliente, já sabe o que funciona e o que não funciona.

— Mas... Será que tratamos os clientes da nossa empresa como gostaríamos de ser tratados? — provocou.

— Esse é o grande paradoxo do relacionamento das empresas com seus clientes — foi logo explicando o fundador da empresa — quando, na nossa vida cotidiana, somos clientes, sempre criticamos as empresas e prestadoras de serviços. Os momentos em que ficamos satisfeitos com o atendimento, a venda, a logística, a entrega, o faturamento e a assistência técnica são exceções, quando deveriam ser a regra. Mas quando estamos vestidos com a camisa da empresa nem sempre fazemos pelos nossos clientes aquilo que gostaríamos que fizessem conosco. Ou seja, somos mestres na insatisfação quando estamos do outro lado do balcão como clientes, mas somos também doutores na falta da atenção devida aos clientes quando representamos o papel de funcionários. Isso precisa mudar e...

A gerente comercial o interrompeu, pedindo desculpas e revelando que seu dia tinha sido complicado: — Acabo de sair de um cliente, aliás, um ex-cliente que cancelou um contrato porque não enviamos o produto correto no prazo estimado. Tentei explicar que a culpa não foi nossa, que a empresa de entrega é terceirizada, que se confundiram... Mas não teve jeito. Contrato cancelado.

A gerente questionou: — Mas será que a culpa não é da nossa empresa mesmo? Afinal, a transportadora é terceirizada, só que estava a serviço da nossa empresa. Quer dizer, na cabeça do cliente, somos nós!

Na sequência, ela conjecturou quem seria, então, o responsável pelo cliente. E continuou sua reflexão, quase como se estivesse pensando em voz alta: — Se fosse um erro da nossa empresa, eu mandaria incluir essa precaução no treinamento da equipe. Mas não é minha equipe. Ou será que é? Preciso ter uma conversa séria com o RH sobre isso. Temos que trazer a nossa cultura de serviço para os nossos terceirizados, senão dá nisso. E não é a primeira vez. Tanto trabalho e perdemos o cliente na ponta. O pior é que custará muito esforço para reconquistar. Tive que engolir essa, afinal o cliente tem sempre razão. Mas será que sempre mesmo? Bom, nesse caso, ele tinha. Dou minha mão à palmatória.

O clima na sala ficou um pouco tenso. O responsável pelo marketing tentou aliviar, contando uma cena impactante que havia presenciado em um restaurante. Um garçom, repreendido pelo *maître* na frente dos clientes — "Você precisa vestir mais a camisa da empresa" —, retrucou espontaneamente: "Acontece que acho que a melhor forma de vestir a camisa da empresa é vestindo a camisa do cliente".

— Por que você ainda não contratou esse garçom? — ironizou o jovem fundador da empresa. — Precisamos de gente com esse tipo de pensamento e de atitude.

E arrematou dizendo que estava percebendo que as boas práticas junto aos clientes são naturais entre as pessoas mais simples, sem certos vícios, como aquele mecânico e esse garçom.

Clientômetro: medindo o tamanho do problema

Aí o fundador da empresa lhes propôs, então, uma tarefa. Aliás, duas!

Primeiro, pediu a realização de uma enquete com pelo menos quinhentos clientes contendo cinco ou seis perguntas básicas que ajudem a detectar como eles percebem a empresa e o que esta deve mudar nas suas estratégias comerciais e no relacionamento com os clientes. — Não quero nada muito acadêmico, nem sofisticado — enfatizou o chefe. — Por isso mesmo estou chamando de "enquete". Uma espécie de "termômetro" que a gente coloca debaixo do braço do cliente para sentir sua temperatura. Proponho que chamem esse instrumento de *Clientômetro*.

Todos riram bastante.

O líder prosseguiu, dizendo que gostaria de comparar o que fossem capazes de observar *in loco* com o que dizem os clientes quando indagados sobre como são percebidos. Seria importante, inclusive, descobrir até que ponto a empresa merece ser indicada a outros potenciais clientes por aqueles que hoje consomem seus produtos e serviços.

— E a segunda tarefa, chefe? — quis saber o jovem responsável pelo marketing.

O fundador da empresa solicitou que identificassem como funciona a cabeça dos funcionários, não apenas aqueles que lidam diretamente com os clientes, mas também os colaboradores de outros setores, como administrativo, produção, TI, além das áreas financeira, jurídica, logística e até mesmo as secretárias. Enfim, averiguar com todos, se possível, o que pensam sobre as posturas e atitudes diante dos clientes.

— No fundo, gostaria de descobrir quantas pessoas aqui dentro pensam e agem como esse garçom que você conheceu — provocou o empresário, com certa ironia.

Solicitou que anotassem e registrassem tudo que fosse possível, com o cuidado para não interferir nas situações observadas. Dentro de uma semana deveriam trazer seus relatos para uma conversa. E concluiu dando o tom de comprometimento que gostaria de ver na execução da tarefa:

— Eu também vou a campo observar e sentir. Em alguns casos, onde sei que não me conhecem, vou até me fazer passar por um cliente para ver como sou tratado. Vejo vocês daqui a uma semana. Agucem o olhar, abram bem os ouvidos, desenvolvam a percepção do que às vezes não é dito, mas está nas entrelinhas.

Dali a uma semana, ficou combinado, os três se encontrariam para compartilhar suas impressões, fruto das visitas que fariam aos pontos de vendas.

Todos assentiram e a reunião terminou.

NA DATA MARCADA, o fundador acabara de participar de um compromisso externo, quando olhou no relógio e percebeu que estava atrasado: — Hoje é dia de reunião com a equipe e tenho que dar o exemplo — justificou. Enquanto se dirigia para o elevador, deu uma breve olhada no celular e lamentou: — Logo agora que preciso chamar rápido um táxi, fico sem bateria.

Mas assim que chegou à rua, logo deu sinal para um táxi que vinha em sua direção. — Epa, sinto que minha sorte está mudando — disse, aliviado.

— Boa-tarde, este é o endereço, por favor — explicou o empresário ao motorista. — Estou com muita pressa. O senhor conhece esse local?

— Conhecer tudo, não conheço, mas quase tudo. Tenho 20 anos de praça e, mesmo eu voltando agora, pois fiquei cinco anos no interior com minha senhora, as ruas continuam as mesmas, né? Espera um pouquinho que vou achar aqui a página certa neste guia.

— O senhor não tem GPS?

— Não gosto dessas tecnologias, não uso nem celular para não me atrapalhar. Mas, não se preocupe, estou quase achando...

— Percebi nesse momento que minha sorte não tinha mudado — contou aos subordinados, quando finalmente conseguiu chegar à empresa, com mais de uma hora de atraso. — Fui pegar justo um motorista que tem a pretensão de achar que sabe de tudo. Que nada muda com o tempo... E eu, cada vez mais ansioso, por saber que vocês estavam à minha espera...

A surpresa

Assim que o fundador se acomodou e fez um gesto com a cabeça, sinalizando que a reunião podia começar, o responsável pelo marketing tomou a palavra e revelou que havia levantado alguns dados na enquete informal realizada com 482 clientes da empresa. Antes de passar aos resultados, no entanto, começou a claudicar, fez algumas brincadeiras e apresentou ressalvas, além de demonstrar certa apreensão sobre como os resultados seriam recebidos. Isso impacientou o fundador.

Finalmente, o jovem relatou o que os clientes haviam revelado no *Clientômetro*:

- 92% percebem significativa diferença no atendimento entre as diversas lojas da empresa;
- 76% não acreditam que a empresa tenha foco no cliente;
- 72% consideram os funcionários das áreas-meio da empresa despreparados para lidar com o cliente, principalmente os da cobrança e os da logística, que é terceirizada;
- 65,7% acham que conhecem mais os produtos e serviços da empresa do que os nossos vendedores;
- Apenas 52% recomendariam a empresa para outros potenciais clientes, principalmente devido à ótima qualidade do produto e ao preço bastante competitivo. Mas fizeram questão de frisar que não o fariam pela qualidade dos serviços, nem pelo nível do atendimento.

O mais surpreendente é que os três — o fundador, a gerente comercial e o responsável pelo marketing — concordaram que as suas observações informais nas visitas à linha de frente coincidiam de modo geral com os resultados dessa enquete. A única exceção foi o penúltimo item: como eles tinham certeza de que conheciam bem os produtos e serviços, sentiram-se um pouco prejudicados em suas análises.

O fundador, claramente excitado, disse que a empresa só está sobrevivendo por causa do seu produto diferenciado, da proteção garantida pelas patentes registradas e pelo preço. E "agradeceu" à incapacidade dos concorrentes de produzirem algo melhor para oferecer ao mercado.

Atropelando as próprias palavras, falou forte e alto, com certa dose de emoção:

"Agora as vendas estão caindo devido à menor capacidade de compra dos nossos clientes. Mas saibam que cliente insatisfeito impacta mais os negócios do que qualquer crise na economia. Quando a situação aperta, o cliente é mais criterioso em suas escolhas. E é óbvio que poderia nos escolher mais se estivesse satisfeito conosco."

"O que mais me irrita é que ao longo dos últimos dez anos, em período de consumo elevado, vendemos bem menos do que poderíamos"

— fulminou o empresário. — "Além de termos deixado muito dinheiro na mesa, pois vendemos por um preço baixo. Poderíamos ter um preço melhor se os serviços e atendimento fossem superiores. Estávamos cegos pela demanda elevada, sem enxergar que o nosso maior inimigo não eram os concorrentes, nem reside na crise atual da economia. Nosso maior concorrente sempre esteve e continua aqui dentro de casa: nessa forma inadequada de pensar e agir com os nossos clientes, distribuidores e pontos de venda..."

A oportunidade de virar o jogo

Parou, bebeu alguns goles de água mineral diretamente da garrafa, respirou, acalmou-se um pouco e surpreendeu os demais ao dizer que percebia nisso tudo uma enorme oportunidade!

"Vamos virar esse jogo! Precisamos recolocar o cliente no centro de tudo! Foi assim que começamos. Foi assim que desenvolvemos produtos maravilhosos. E aí passamos a nos preocupar mais com produção, normas, assuntos internos do que com o cliente. Colocamos o cliente como se estivesse do lado de fora da empresa. Está na hora de trazê-lo de volta para o lugar de onde

38 | CLIENTIVIDADE

nunca deveria ter sido tirado: para o centro das nossas decisões e atitudes."

— Precisamos deixar de vender produtos e serviços e passar a vender soluções integradas.

— Precisamos deixar de pensar *apenas* "de dentro para fora", focados unicamente na nossa estrutura, nas normas internas, e passar a pensar *também* "de fora para dentro".

— Precisamos aprender a respirar cliente! Isso mesmo, R-E-S-P-I-R-A-R cliente. Quando respiramos, o oxigênio passa a fazer parte da nossa corrente sanguínea. Pois bem, se "respirarmos clientes", eles passarão a fazer parte do nosso DNA e das nossas ações no dia a dia.

— Enfim, precisamos fazer uma verdadeira revolução no nosso modelo mental, eliminar ideias e dogmas ultrapassados e implantar uma CULTURA DA CLIENTIVIDADE na nossa empresa.

— *Cultura de quê?* — perguntaram os dois interlocutores a quase uma só voz.

— Essa palavra não existe! — admitiu o fundador. — Ela me ocorreu agora. Por favor, me ajudem a construir esse conceito. Vamos explicar isso num megaevento, uma convenção. Quero que vocês dois a organizem junto com o pessoal do RH, Financeiro, Logística e Produção. Envolvam também o responsável pelos Canais, que atua com os Distribuidores e Revendedores.

— Vamos fazer um grande encontro sobre a PRÁTICA DA CLIENTIVIDADE, com o tema "CLIENTE É RESPONSABILIDADE DE TODOS: DO PORTEIRO AO

PRESIDENTE" — arrematou o empresário. — Sugiro convidarmos todos os funcionários, inclusive os líderes dos nossos Distribuidores e Pontos de Venda. Todos, sem exceção!

— Qual seria a agenda? — perguntou a gerente comercial.

— Boa pergunta! — disse o chefe. — Vamos definir isso agora, aqui, em conjunto.

Após duas horas de conversa, o trio decidiu que o evento seria realizado ao longo de dois dias, com a programação dividida em cinco partes:

PRIMEIRO DIA

Parte I: O Princípio da *Clientividade*

Explicar essa palavra, que ainda não existe, colocar todas as definições na mesma página e embasar esse conceito com uma pesquisa "aberta" (e não apenas uma enquete "fechada", como o *Clientômetro* realizado com os clientes da empresa) que permita lançar alguma luz sobre o GRAU DE CLIENTIVIDADE em outros negócios. Deixar claro que esse tema é universal.

Ficou decidido que seria melhor realizar essa pesquisa por meio de uma consultoria especializada.

Parte II: Quem é o nosso cliente

Aprofundar o conhecimento sobre os diversos tipos de clientes da empresa: (1) os corporativos; (2) os distribuidores/revendedores/pontos de venda; (3) o consumidor final; e (4) os clientes internos, provocando aqueles funcionários que pensam que não possuem clientes.

Parte III: O que os clientes compram nem sempre é o que a empresa vende

Questionar se o que o cliente de fato deseja ou necessita coincide com o que a empresa vende. Além disso, mensurar a discrepância entre o que os clientes "dizem" e o que a empresa "entende". Entre o que sinalizam e o que é percebido. Entre o que querem e o que é oferecido. Entre o que necessitam e o que é entregue.

SEGUNDO DIA

PARTE IV: Como praticar a Clientividade em todos os níveis

Mobilizar e engajar todos (afinal somos todos vendedores) para a missão de encantar os clientes, partindo da premissa de que não há cliente encantado em empresa com pessoas infelizes.

PARTE V: "Respirar cliente"

Oferecer ideias para que cada um construa o seu MAPA DE ATITUDES e possa, assim, adquirir o hábito de "RESPIRAR CLIENTE" todos os dias.

No final da discussão, a gerente comercial apresentou uma ideia que foi aplaudida por todos: junto com o diretor de RH, pretendia desenvolver uma espécie de caderno de exercícios, com o título provisório *"Workbook*: **como elevar seu grau de clientividade"**, para ser distribuído no encerramento da convenção. Desse modo, cada um teria a oportunidade de continuar refletindo, se capacitando e se comprometendo com a prática dessa nova cultura.

Depois, pensaram melhor e concluíram que esse *workbook* poderia ser disponibilizado no site da empresa. Assim, cada um poderia acessá-lo remotamente, de casa, fora do expediente e dessa forma aprofundar suas reflexões sobre o tema.

O fundador da empresa comunicou, então, que no dia seguinte enviaria um e-mail convidando TODOS os funcionários para a reunião.

O QUE VOCÊ VAI LER ao virar a próxima página, caro leitor, é a reprodução do conteúdo desse evento destinado a mobilizar todos dessa empresa para a prática do Princípio da Clientividade® e assim virar o jogo a seu favor.

Boa jornada!

CONVITE

PARA: TODOS OS FUNCIONÁRIOS

DE: FUNDADOR DA EMPRESA

ASSUNTO: REUNIÃO ESPECIAL SOBRE O TEMA CLIENTIVIDADE

Convido cada um e todos vocês para participarem da nossa reunião no próximo sábado, o dia todo, e domingo até a hora do almoço, para que possamos refletir sobre a necessária mudança que precisamos fazer na forma de pensar e lidar com nossos clientes.

Peço desculpas por fazer a reunião em um final de semana, mas se trata de um assunto do interesse de todos, e não apenas da turma das áreas comercial, marketing e atendimento. Não poderemos parar a empresa durante um dia de semana, e precisamos de todos presentes e focados nesse assunto sem serem interrompidos pelos afazeres do dia a dia.

Eu, com a ajuda de alguns colegas, estarei pessoalmente conduzindo o evento e começarei logo na primeira parte da reunião explicando para vocês o significado dessa palavra inovadora, a CLIENTIVIDADE.

Até lá!

PARTE 1

O Princípio da *Clientividade*®
A arte de falar a mesma linguagem do cliente

1. O Princípio da *Clientividade*®

A arte de falar a mesma linguagem do cliente

Vou iniciar explicando o que muita gente já deve estar se perguntando: O QUE É CLIENTIVIDADE?

Comecemos com um pequeno teste: como você representaria graficamente a empresa onde trabalha? Tente desenhá-la.

A forma mais comum consiste em desenhar um organograma sofisticado cheios de caixinhas representando funções e cargos, tais como o Conselho de Administração, Presidente, Vice-Presidentes, Diretores, Gerente de Operação, Financeiro, Marketing e Comercial. Esses organogramas ignoram o principal personagem de uma empresa: o Cliente. Embora falem da sua

48 | CLIENTIVIDADE

importância, as práticas da maioria das empresas não condizem com esse discurso.

Outra representação bastante frequente é o desenho de um quadrado ou de um círculo: na parte de dentro são colocados certos componentes da vida empresarial, como "equipamentos", "pessoas", "processos", "materiais" e "dinheiro". Do lado esquerdo do quadrado ou círculo são identificados "fornecedores" e "prestadores de serviços"; do lado oposto, no canto direito, aparecem os "clientes", "revendedores" e demais "canais", e os "PDVs" — os pontos de venda.

Você conseguiu visualizar essas imagens?

Infelizmente, ambas são representações equivocadas e obsoletas da realidade de uma empresa. Herdamos esse modelo mental da era industrial. Somos fruto dessa forma de pensar. Achamos que as empresas possuem "paredes" e que os clientes estão do "lado de fora".

Pois agora estou propondo um modelo diferenciado, em que os clientes são personagens que estão do "lado de dentro". Ou melhor, ficam no *centro* da empresa. Para visualizar o que isso significa, recomendo outro exercício.

Represente a empresa por meio de círculos concêntricos. O círculo de dentro, no centro, onde tudo começa, é o lugar que deve ser reservado ao cliente. Evite jogar para a plateia, pondo o cliente na parte de cima dos organogramas tradicionais. O lugar do cliente é no centro!

Colocá-lo no centro da estrutura sinaliza que todas as áreas de uma empresa devem gravitar em torno do cliente. Podemos parafrasear a Constituição brasileira, que enfatiza que "o poder emana do povo e em seu nome deve ser exercido", para afirmar que, no código empresarial, "o poder emana do cliente e em seu nome deve ser exercido".

Precisamos mais de *clientograma*s do que de organogramas!

Essa é a essência da Clientividade!

Isso mesmo, *Clientividade*, uma palavra inovadora... Mas que deverá passar a fazer parte do nosso vocabulário 24 horas por dia.

Você certamente está mais acostumado com o termo *competitividade* — que se refere a competidores, concorrentes — e com o conceito de *produtividade* — originado no foco no produto, no ritmo da produção...

Por isso, criei o conceito da *Clientividade*®, utilizando de propósito uma palavra que não existia justamente para provocar um descondicionamento dos pensamentos e práticas ultrapassadas da era industrial, da qual herdamos as ideias já desbotadas que enfatizam os concorrentes e os produtos.

Insatisfeito com a terminologia vigente, procurei pela palavra que expressasse a importância do principal personagem que deveria estar no centro de qualquer modelo de negócio: o cliente!

Convido cada um de vocês, pelo menos por um momento, a parar de pensar nos produtos, competidores,

50 | CLIENTIVIDADE

equipamentos, processos, capital e tecnologia. Pense na razão de ser da vida das empresas e de qualquer pessoa, seja qual for o seu negócio, cargo ou profissão. O nosso verdadeiro empregador, quem na realidade gera nossa renda e paga nossos salários e bônus. Aquele que tem o verdadeiro poder de recrutar e admitir quando está satisfeito, e por isso compra mais e gera empregos. Ou que pode demitir quando está insatisfeito e deixar de consumir nossos produtos ou serviços, obrigando a empresa a reduzir os seus custos.

A clientividade é uma espécie de "ciência do cliente". O conceito passa longe do marketing tradicional, que ainda enfatiza os 4 Ps (produto, preço, promoção e *place* — que significa distribuição) e que não deu a devida prioridade ao cliente. E vai muito além da discussão sobre o foco *no* cliente ou foco *do* cliente.

A principal tarefa a ser executada quando se deseja praticar a Clientividade é trazer o cliente de volta para o centro do modelo mental de cada pessoa e para o centro das decisões de uma empresa.

Você pode estar se perguntando: qual é a novidade, já que toda empresa deveria estar voltada para o cliente?

E tem razão. Isso não é nenhuma novidade. Pelo menos na teoria. Na prática, porém, raras são aquelas que de fato conseguem fazer isso, o que é surpreendente! E, na verdade, apenas alguns dos colaboradores das empresas seguem essa recomendação à risca.

A grande maioria continua com o foco no produto, na tecnologia, no processo, na norma interna e no sistema. Mesmo os profissionais de vendas, marketing e atendimento nem sempre conseguem estar voltados para o cliente no nível que deveriam estar.

Um estudo* realizado com 1.065 executivos e dirigentes das maiores empresas brasileiras comprovou essa percepção. Os três principais desafios indicados por esses líderes empresariais no que se refere à gestão de clientes são: (i) construir uma cultura em que todos os colaboradores e parceiros da empresa estejam voltados para o cliente (citado por 58%); (ii) entender com maior profundidade as necessidades e os desejos dos clientes (39%); e (iii) gerar mais valor para os clientes sem aumentar os custos (32%).

O modelo mental predominante tem levado a situações críticas que se repetem: alta inadimplência, reclamações, perda de fatia de mercado, conflitos com pontos de vendas, dificuldades com distribuidores, que são tratados como meros canais em vez de parceiros, falta de alinhamento com terceirizados como os de manutenção e serviços técnicos no pós-vendas, que interagem com os clientes em nosso nome, dentre outras.

As situações são recorrentes, mas a forma de protestar e formalizar a insatisfação tem mudado: agora as quei-

---

*Acesse detalhes da pesquisa em: www.clientividade.com.br. (N. do A.)

xas são difundidas em redes sociais, em *hashtags* e em *memes* criados por clientes insatisfeitos e frustrados.

Temos de mudar nossa forma de pensar e de agir.

Precisamos entender que o epicentro do poder está migrando, a passos largos, da empresa para o cliente. Isso também não é uma descoberta recente. O que irrita é que, apesar de já sabermos disso, insistimos em ignorar essa realidade e continuamos atuando apenas de "dentro para fora", em vez de pensarmos também de "fora para dentro".

Um novo tempo

Querem saber as causas dessa migração do poder? Pois bem, enumero a seguir vários fatores:

- A globalização e a tecnologia digital provocaram modificações radicais na motivação e na forma pelas quais as pessoas fazem compras e desfrutam de produtos e serviços.
- Os consumidores estão muito mais exigentes e mais conscientes sobre custos, preços, prazos e qualidade. Não se contentam mais "apenas" com um bom produto, como no passado, mas querem um pacote de conveniências que atenda ao conjunto de suas necessidades. Exigem serviços integrados,

como uma distribuição que coloque os bens de consumo ao alcance de suas mãos ou na porta de suas casas, no momento, na quantidade e na qualidade desejados.

Por exemplo, as pessoas não se satisfazem mais com um automóvel de boa qualidade. Escolhem a marca em função de um conjunto de facilidades que inclui financiamento, seguro, garantia, assistência técnica e... até o carro. Sem falar no compromisso do fabricante com o meio ambiente, cada vez mais valorizado na percepção dos clientes.

- As aspirações mudaram. As pessoas não aceitam mais o produto tangível apenas. Querem também o significado simbólico, intangível desse produto como seu objetivo máximo. No exemplo do carro, que a imagem dos usuários esteja associada àquela que desejam projetar. As empresas vencedoras vendem não apenas o tangível (produto, preço etc.), mas também o intangível (confiança, credibilidade, transparência, flexibilidade, personalização). Nesta **Era do Intangível** e da sociedade de serviços, é preciso se conectar com a imaginação e os sonhos de seus clientes para surpreendê-los e fidelizá-los.

54 | CLIENTIVIDADE

- Se antes os custos definiam os preços dos produtos e serviços, agora são os preços que definem os custos. Em vez de obter lucros adicionando um percentual em cima de custos de produção, as empresas agora definem o que podem gastar a partir do preço que seus clientes estão dispostos a pagar.
- Quem dita as cartas, atualmente, é o valor percebido pelo cliente. A complexidade é que uma instituição tem vários clientes. No caso de uma escola, há os alunos, professores, funcionários, pais e familiares, além da comunidade e dos investidores, cada um com uma perspectiva diferente de valor.
- O cliente já se tornou multicanal e tem múltiplos pontos de acesso à empresa: o físico, o virtual, o *call center*, a área de cobrança, o terceirizado, a logística, a rede social, os PDVs do distribuidor.

Esse novo contexto que acabei de descrever exige uma nova forma de pensar. Precisamos recolocar o cliente no centro da vida empresarial, o que significa:

- Aprender a falar a mesma linguagem dos clientes. Entender melhor o que dizem e o que nem chega a ser dito. Comunicar de forma que os clientes nos entendam;

- "Entrar no imaginário" dos clientes a fim de perceber de forma profunda não apenas o que desejam, mas do que necessitam e talvez ainda nem saibam;
- Customizar a oferta de produtos e serviços — quando não pudermos competir em custos baixos — de forma atraente para cada nicho relevante de clientes;
- Adotar o caminho da diferenciação de produtos, serviços e da relação com os clientes, focando mais as atenções nesses protagonistas do que desperdiçando energia bisbilhotando a vida dos competidores;
- Compreender muito melhor as necessidades e aspirações dos diferentes grupos de neoconsumidores: as classes C, D e E; os jovens da geração Y; os sessentões; as mulheres; os mercados regionais fora dos tradicionais grandes centros de consumo;
- Entender que clientes não são estáticos, mas alvos móveis. Mudam muito de expectativas, necessidades, desejos e sonhos.
- Estimular a cocriação, pois os clientes aspiram a participar muito mais na criação, desenho e comercialização de produtos, sendo bem mais ativos que no passado.

56 | CLIENTIVIDADE

Vou pedir licença a vocês para relembrar uma breve história muito contada na era do velho marketing, mas que ainda considero válida para ilustrar o que gostaria de salientar.

Henry Ford, no auge do seu sucesso como fabricante de automóveis, entre 1908 e 1927, era o apóstolo da economia de escala através da padronização dos produtos e da especialização dos serviços. Ele era excelente do portão da fábrica para dentro. Apesar do mérito de perceber uma necessidade não verbalizada quando começou a produzir carros para uma demanda oculta e reprimida, seu grau de clientividade pessoal era muito baixo. Por exemplo, ele gostava de afirmar que "o cliente pode escolher qualquer cor de carro, desde que seja preta".

Notei que alguns de vocês estão rindo com essa frase. Não estou exagerando! Ele, de fato, disse essa pérola do pensamento "anticlientividade".

Pois bem, aí veio a General Motors, oferecendo não só outras opções de cores, mas também de modelos, veículos diferentes para pessoas diferentes. E desbancou a pioneira da indústria automobilística.

Histórias como essa reforçam a importância de praticarmos a clientividade, posicionando o cliente no centro do processo decisório de cada um de nós e da empresa como um todo.

Proponho, então, a partir de agora, alguns pilares básicos do Princípio da Clientividade. Como você já deve estar imaginando, parte da premissa de que o cliente é responsabilidade de todos, do porteiro ao presidente. Aliás, visando ser coerente com tal conceito, esse é o motivo pelo qual convidei todos vocês para esta reunião em um final de semana, pois precisamos de todos vocês engajados nessa missão, e isso seria impossível em um dia normal de trabalho.

Enumero a seguir 10 pilares fundamentais para a prática da clientividade, chamando a atenção para o fato de que se trata de premissas substantivas de um modelo mental com conteúdo, e não simplesmente de técnicas ou de atributos adjetivos ou cosméticos, típicos da forma de pensar tradicional:

Pilares da Clientividade

1) **Clientes não compram produtos; compram a realização de sonhos.** O grau de sucesso das empresas será diretamente proporcional à sua capacidade de surpreender e encantar seus clientes, realizando seus sonhos e desejos mais íntimos — e não mais simplesmente atendendo às suas expectativas sobre produtos e serviços.

2) **Cada cliente é, também, um vendedor, e não apenas um comprador.** Erram as empresas que veem o cliente como um mero comprador. O cliente feliz é o melhor vendedor de uma empresa. Um dos objetivos de praticar a **Clientividade** é transformar cada cliente em um vendedor ativo. Essa postura economiza em publicidade — pois esta é gratuita. Contudo, nunca é demais lembrar: o cliente só vende aquilo que o surpreende. Por exemplo, o hóspede de um hotel não sai por aí alardeando que o hotel tem camas, televisão no quarto ou pessoal cortês. Isso é obrigação! Eles se tornam vendedores quando compartilham as experiências e os momentos mágicos que viveram ali.

3) **Todos os colaboradores de uma empresa são vendedores.** Nada mais errado que considerar a atividade de venda como tarefa exclusiva do pessoal da área comercial. Muitas vezes, as vendas são desfeitas e os clientes perdidos pelo atendimento inadequado da equipe de *call center*, da entrega, da assistência técnica de outros profissionais, terceirizados ou com carteira assinada, que não estão no "balcão de contato" com o cliente e, portanto, não se julgam com a responsabilidade de satisfazê-los. A clientividade é missão de TODOS em uma empresa.

4) **Todos nós temos clientes.** Profissionais de todos os setores, inclusive os que trabalham nas tradicionais áreas funcionais (como suprimentos, contabilidade, setor de pessoal, serviços gerais, dentre outros), têm clientes internos e devem se posicionar como prestadores de serviços. Logo, é necessário desenvolver a postura da clientividade interna. O próprio chefe pode ser considerado um cliente com necessidades a serem atendidas. É mais relevante praticar a clientividade do que se preocupar com a empregabilidade, isto é, as pessoas precisam se habituar a procurar mais clientes e menos empregos. E, também nesse caso, vale a máxima: não basta apenas atender, é preciso surpreender seus clientes internos — os que atuam na linha de frente e são os responsáveis por centros de resultado em suas respectivas empresas.

5) **PDCs em vez de PDVs.** Precisamos pensar que temos pontos de compras (PDCs) em vez de pontos de vendas (PDVs). Mais uma vez, peço a licença de vocês para propor uma terminologia nova com o intuito de "forçar" o questionamento do que fazemos quando estamos ligados no automático: ao falar em PDV, estamos pensando nas vendas, ou seja, no lado do vendedor. Entende como a linguagem trai nossas intenções? Se passarmos a chamar de PDC, isto é, de pontos

de compras, estaremos pensando no comprador, no cliente, e não no lado do vendedor, na empresa. Sutil, mas é importante sermos coerentes e não deixarmos palavras inadequadas condicionarem ações indevidas.

6) **Parceiros em vez de canais.** Em vez de tratar os distribuidores como meros canais, vale a pena pensá-los como *parceiros*, de modo que passem a atuar de maneira integrada com a empresa e alinhados com sua cultura.

7) **Marketing começa dentro de casa.** Os profissionais querem ter a oportunidade de fazer o que gostam, atuando em organizações que estimulem seu desenvolvimento. Não existe cliente encantado em empresa com colaboradores infelizes. Precisamos encantar os colaboradores para, então, encantar os clientes.

8) **Solucionamento.** Cliente não deseja apenas bom atendimento e relacionamento; cliente quer dispor de soluções integradas que gerem valor, não apenas produto e preço.

9) **Tecnologia a serviço dos clientes.** A tecnologia deve ser empregada para facilitar a vida dos clientes, não para impor normas unidirecionais, muito menos com o fim exclusivo de reduzir custos ao padronizar processos que acabam mantendo os clientes a distância.

10) TODOS na empresa, do porteiro ao presidente, são responsáveis pelo relacionamento com os clientes. Por isso, devem ser motivados e capacitados, não só os que estão na linha de frente, mas também os que não interagem diretamente com ele.

Esses são os 10 pilares sobre os quais poderemos construir o nosso CLIENTOGRAMA.

Algumas empresas podem até praticar algumas dessas ideias de forma isolada, mas raras são aquelas que as praticam de forma articulada e integrada como uma proposta de valor para seus clientes.

Isso ficou demonstrado em uma pesquisa[*] que encomendamos recentemente: 71,33% deram notas de 3 a 6 (num total de 1 a 10) para a pergunta: "Considerando todas as empresas onde você costuma adquirir produtos e serviços, qual nota você daria para elas no quesito CLIENTIVIDADE?" Um link explicava: por clientividade entende-se que o cliente é missão de todos os funcionários de uma empresa e que essa organização coloca o cliente no centro do seu organograma. A grande maioria dos 1.173 respondentes ocupava cargos de gerentes e coordenadores, mas havia também diretores e CEOs (7%) e vários empreendedores (19%).

---

[*]Acesse detalhes em: www.clientividade.com.br. (*N. do A.*)

As empresas que vão além do encantamento são aquelas que percebem que a verdadeira revolução invisível provocada pela mudança no modo de considerar os clientes as coloca diante não de um problema, mas de uma grande oportunidade de reinventar essa relação.

Tenho percebido no entanto que, para aprender o novo, precisamos abrir espaço dentro de nós. Antes de mais nada, exercitar o desapego aos modelos do passado, em especial a certas ideias que já ficaram perdidas no tempo, mas continuam, como fantasmas, a nos rondar.

Da mesma forma que a humanidade, para dar alguns passos adiante, precisou sepultar ideias ultrapassadas — o Sol gira em torno da Terra; a caixa craniana do ser humano é rígida; o mundo foi criado em seis dias, dentre tantas outras —, precisamos desaprender pensamentos e crenças que podem ter sido úteis no passado, mas já não funcionam mais. Estão mortos. Precisamos sepultá-los a fim de que parem de nos atormentar e deixem de guiar decisões equivocadas sobre nossas carreiras, o modo de organizar nossas empresas e nosso relacionamento com os clientes.

Ideias mortas que precisamos sepultar

Boa parte do nosso entendimento sobre o mundo empresarial e sobre a forma como concebemos, organizamos e operamos nossas empresas, sejam elas grandes multinacionais, sejam pequenos negócios familiares, baseia-se em um conjunto de equívocos.

Apresento, então, uma lista de ideias sobre Clientes, Canais, Distribuidores e Parceiros que já caíram em desuso e precisamos sepultar:

- **"Cliente é tudo igual: quer sempre mais por menos."** As duas afirmações estão erradas. Cada cliente é único e assim deve ser percebido e tratado. A Era da Padronização, que igualava a todos, já chegou ao fim. O que o cliente deseja é que o valor obtido seja superior ao preço pago por um produto ou serviço.
- **"Conheço os clientes como a palma da minha mão."** Melhor pensar que ninguém conhece o cliente com tamanha profundidade simplesmente porque, como já mencionei antes, o cliente é um alvo móvel. Está sempre mudando de expectativas, sonhos e desejos.
- **"Quanto maior a base de clientes, melhor."** Nem sempre. O número de clientes pode passar do ponto e queimar a rentabilidade, porque a empresa pode atrair clientes ruins, com custo transacional alto, inadimplentes ou que não valorizam seus produtos ou serviços. Inclusive, ela corre o risco de perder seus melhores clientes por dedicar tempo

maior aos problemáticos. Portanto, ampliar a base de clientes e passar a ser líder de mercado nem sempre é a melhor estratégia para garantir o sucesso.

- **"Produto de qualidade é que ganha o jogo."** Quem não tiver produto de qualidade (assim como preço competitivo) nem entra em campo. É obrigação! O grande diferencial dos vencedores tem sido outros atributos: serviços, pós-venda, atendimento eficaz, relacionamento adequado de todas as áreas da empresa com o cliente e percepção do cliente sobre o benefício advindo do uso do produto, que se traduz em percepção de valor. Esses são os fatores que determinam quem ganha o jogo.

- **"Ser pioneiro no lançamento de um produto ou serviço é garantia de sucesso."** Em alguns casos, essa crença até se confirma, mas não existe evidência que prove, de forma taxativa e consistente, que a vantagem em ser o primeiro a lançar um produto traga sempre bons resultados, inclusive a longo prazo.

- **"O maior concorrente de uma empresa é quem fabrica os mesmos produtos ou presta os mesmos serviços."** É mais fácil culpar o concorrente pelo nosso insucesso no negócio. Na realidade, o maior adversário está quase sempre dentro da própria casa: falta de clareza no rumo, estrutura inadequada, falta de integração entre as áreas, atitudes e práticas equivocadas sobre os clientes, as pessoas, os parceiros.

- **"Patrimônio humano é sinônimo de quadro de funcionários da empresa."** Essa crença está na raiz da "miopia do RH", que restringe o campo de atuação dos profissionais dessa área ao papel tradicional de recrutamento, seleção e treinamento dos funcionários da empresa. Melhor pensar que o patrimônio humano também está do "lado de fora", na relação da empresa com distribuidores, fornecedores, parceiros e comunidades. Por exemplo, nossa empresa poderia formatar um programa de treinamento para os distribuidores e para os atendentes na linha de frente para melhor capacitá-los como "embaixadores" da nossa marca. Poderia conceber projetos de aculturamento para os "terceirizados" e também para os fornecedores, visando obter melhor alinhamento com nossas práticas e necessidades.

Acabei me empolgando e adiantando aqui uma iniciativa que é preciso que o RH passe a praticar

66 | CLIENTIVIDADE

para dar uma contribuição mais marcante ao nosso negócio.

ANTES DE DISCUTIR COMO recolocar, na prática, o cliente no centro da vida empresarial, precisamos pensar sobre a questão básica a enfrentar: QUEM É O CLIENTE?

Vale a pena aprofundar essa reflexão devido a dois fatos: (i) há vários tipos de clientes — não apenas um, e (ii) todos na empresa, não só os que atuam na linha de frente, têm algum cliente, mesmo aqueles que trabalham nas áreas funcionais ou mais especializadas.

Identificar quem é o cliente — ou melhor, quem são os clientes — é a providência número 1 para praticar de forma eficaz a clientividade.

Vamos fazer um pequeno intervalo e voltamos em seguida.

Enquanto isso, eu gostaria que cada um de vocês se perguntasse:

REFLEXÕES #1

1. Qual o seu Grau de Clientividade Pessoal (nota de 1 a 9)?
2. Qual o Grau de Clientividade da empresa com clientes, distribuidores, usuários (nota de 1 a 9)?
3. Qual o Grau de Clientividade Interno (de uma área para com as demais) na Empresa (nota de 1 a 9)?
4. Quem é(são) o(s) seu(s) cliente(s)?
5. Quais as "ideias mortas" sobre clientes que você precisa sepultar?

PARTE 2

Quem é o cliente?

Todos *somos* clientes! Todos *temos* clientes!

2. Quem é o cliente?

Todos *somos* clientes!
Todos *temos* clientes!

Cliente é um alvo móvel. Quando pensamos que o conhecemos, ele já mudou de posição, de expectativa, de necessidade, de sonho...
Isso mesmo! Nunca podemos ter a arrogância de achar que conhecemos o cliente no nível de profundidade que seria necessário.

Um exemplo: conquistamos um cliente que tinha 25 anos, solteiro, profissional trabalhando em uma multinacional. Fiel durante cerca de cinco anos, sempre comprando conosco pelo menos uma vez por mês. Até que sumiu da loja que costumava frequentar. A vendedora que o atendia foi tentar localizá-lo para saber se havia passado a comprar em outra das nossas lojas. Só então "descobriu" que ele estava casado, ganhara uma filha e tinha sido demitido do emprego há seis meses.

É óbvio que as necessidades e expectativas desse cliente mudaram. Como não havíamos acompanhado a sua trajetória, não pudemos oferecer algo mais apropriado para o seu novo momento.

A importante lição que temos de aprender é que não conseguimos descobrir sonhos de clientes apenas por meio de pesquisas de mercado. Sonhos são descobertos com intimidade. E se não convivermos com o cliente, não desfrutarmos da sua confiança, ele pode mudar de sonhos e buscar realizá-los com outras marcas e produtos.

Quem é o nosso cliente?

Temos que nos fazer essa pergunta todos os dias. Sermos obsessivos com essa questão.

De modo geral, os comentários ou mesmo as reclamações dos clientes trazem nas entrelinhas pedidos e críticas que não conseguimos ouvir ou entender, como:

- "Trate-me de forma personalizada, o cliente padrão não existe. Conheça-me!"
- "Quero acesso a qualquer hora, em qualquer lugar onde esteja."
- "Faça com que todos sejam responsáveis pelo relacionamento comigo, não apenas o vendedor ou o atendente. Mas também a pessoa da cobrança, do jurídico, da assistência técnica e o terceirizado que atua em nome da empresa."
- "Quero ter certeza de que estou comprando de uma empresa cidadã."

E, principalmente, dizem em alto e bom som o que ainda não conseguimos escutar: **"Não pense que sou fiel!"**

Peço, então, que vocês reflitam comigo: estamos captando essas mensagens ou apenas fingindo que entendemos enquanto continuamos nos autoenganando? Estamos sintonizados com a essência dos clientes ou nos limitamos a fazer campanhas e "jogar para a plateia"? Estamos ouvindo os clientes ou somente reagindo com respostas prontas e emolduradas por clichês?

Para desbloquear o raciocínio, vou apresentar outros resultados daquela pesquisa que já citei na primeira parte deste nosso evento. Lembrando que ela foi respondida por 1.173 pessoas em vários estados.

Os dados apurados expõem o tamanho da nossa cegueira — ou seria mais apropriado dizer surdez?

- 75,33% disseram que consideram FALSA a frase "Estamos aqui para servi-lo".
- 71,4% também consideram FALSA a frase "Temos foco no cliente".

Entendem agora por que eu insisto que a clientividade é a arte de falar a mesma linguagem dos clientes? A grande maioria considera falso o que andamos afirmando por aí. E, enquanto perceberem assim nossas mensagens, não há chance de estabelecer o grau de confiança nem a credibilidade necessária para interações sadias e prósperas.

Mas, preparem-se, porque tem muito mais:

- 54,4%, ou seja, mais da metade das respostas, registraram um sonoro "NÃO" para a pergunta: "Você conhece alguma empresa que tem um excelente relacionamento com seus clientes"?

Isso é de tirar o sono!

Além de tudo isso, os respondentes apontaram os setores e atividades empresariais que são campeões no pior atendimento aos clientes. Identificaram quatro setores numa ordem decrescente, a partir de uma diversificada lista em múltipla escolha. No topo do *ranking* ficaram:

- Serviços de telefonia/internet/TV a cabo: 45,66%;
- Bancos: 17,68%;
- Concessionárias de utilidades públicas (eletricidade, gás, água, esgoto): 8,08%;
- Cartões de crédito: 7,72%.

Todos somos clientes!

Cada um de nós é cliente de instituições nos negócios apontados anteriormente, além de também sermos clientes de restaurantes, bares, hotéis, companhias aéreas, táxis, serviços de pintura, limpeza, salões de beleza, shopping centers, escolas, hospitais, dentre vários outros.

Podemos, então, refletir agora em mão dupla: tanto como clientes, de um lado do balcão, e, do outro lado, como prestadores de serviços. Por que insistimos em nos relacionar e tratar os clientes de forma diferente daquela que gostaríamos de ser tratados quando estamos na posição de clientes? Esse é um dos grandes paradoxos da clientividade.

Se somos clientes, deveríamos, no mínimo, saber tratar nossos clientes da mesma forma como gostaríamos de ser tratados. Por que não o fazemos?

Chegou a hora de pensarmos e de agirmos para, no futuro, não virmos a fazer parte dessa lista de campeões do mau atendimento. Temos de nos prevenir e ser proativos.

Nossa meta é nos transformarmos em uma empresa admirada pelos nossos clientes e conseguirmos que os nossos clientes nos recomendem como se passassem a ser parte do nosso time de vendedores. Precisamos "nomear" cada um de nossos clientes como uma espécie de *"Diretor de Vendas Boca a Boca!"*.

Mas, para chegarmos lá, temos de entender cada tipo de cliente. Precisamos formatar uma estratégia adequada às peculiaridades de cada nicho.

Vamos analisar inicialmente quatro grandes grupos, cada um deles merecedor de uma segmentação específica, além da breve análise que vou apresentar a seguir:

- O CLIENTE É UMA EMPRESA: venda corporativa;

- O CLIENTE É O CONSUMIDOR FINAL: venda no varejo;
- O CLIENTE É A REDE DE DISTRIBUIDORES E REVENDEDORES: os terceiros que escoam os produtos/serviços;
- O CLIENTE É INTERNO, ESTÁ DENTRO DA EMPRESA: a pessoa ou área para quem você presta serviço.

QUANDO O CLIENTE É UMA EMPRESA: venda corporativa

A transação "empresa a empresa" é muito complexa. Apelidaram essa relação de B2B, sigla referente à expressão em inglês *business to business.*

A primeira tarefa de uma empresa ao se relacionar com um cliente corporativo é mapear com clareza seus clientes-alvo, o que requer uma visão abrangente do processo de compra e venda.

O interessado pelo produto ou serviço pode ser a área de produção, a fábrica. O gerente de suprimentos e o diretor de qualidade podem ser influenciadores na escolha do fornecedor. O tomador de decisão pode ser o financeiro, dependendo do valor da compra. O negociador pode ser a área de *procurement* — que se responsabiliza pelas compras e por negociações com fornecedores. Em alguns casos, existe um comitê de compras, dependendo do valor da transação.

Seja qual for o setor, um desses personagens pode ser um detrator da sua marca, motivado por experiências anteriores malsucedidas ou por que prefere algum outro fornecedor ou marca.

Ou seja: a venda no chamado "B2B" mobiliza vários personagens, o que exige uma análise criteriosa de cada cliente. A empresa vendedora precisa atuar em diferentes níveis e cultivar o relacionamento com os mais diferentes interlocutores.

Um dos maiores erros cometidos pelas empresas é focar apenas um interlocutor, geralmente o usuário. Em outras situações, concentram suas iniciativas na área de compras, que algumas vezes não sabe distinguir as diferentes qualificações do fornecedor, produto, serviço. Pressionada para obter o menor preço, corre o risco de fazer compras inadequadas para os interesses da empresa.

Diante de clientes corporativos, as perguntas a serem feitas são:

1. PERFIL PROFISSIONAL: Tenho o perfil correto para esse tipo de negócio? Por exemplo, se o meu mercado é vinculado a produtos agrícolas, gosto desse tipo de atividade? Minhas características pessoais

estão adequadas ao momento da empresa e do mercado? Ou seja, se o momento é de redução de custos, eu me identifico com isso ou sou do tipo expansivo/gastador, que não poupa para tentar conquistar clientes? Conheço o negócio dos meus clientes? Conheço com profundidade o portfólio completo de produtos e serviços da empresa que represento ou só sei vender aquele produto da minha área de especialidade? Tenho paixão pelo que faço?

2. INTERLOCUTORES: Estamos negociando com as pessoas certas? A "porta de entrada" está correta? Quem são os influenciadores? E os detratores? E os decisores? Estou "costurando" a decisão em todos os níveis? Ou estou sendo bloqueado por uma barreira na entrada?

3. ATITUDES E COMPETÊNCIAS: Somos assertivos ou estamos na zona de conforto? Somos proativos ou reativos? Somos questionadores/criativos ou estamos ligados no piloto automático da relação? Temos poder de convencimento e sabemos vender o peixe? Temos habilidade de negociação? Somos "mordedores" e sabemos tirar o pedido ou somos "beija-flores" e nos contentamos em fazer boas relações públicas? Em suma, nossas atitudes estão corretas?

4. NOSSA EQUIPE COMERCIAL: A equipe tem a competência e o perfil necessário para esse tipo de negócio? Dispõe de membros com a complemen-

taridade necessária? Temos foco e compromisso? O grupo precisa de ajustes, reforço, substituições, maior capacitação? Precisa ser treinado na prática da clientividade?

Os componentes, ilustrados na Figura 1, podem formar um ciclo virtuoso ou um ciclo vicioso que selarão a sorte do grau de sucesso da sua venda:

Figura 1: Ciclo vicioso X virtuoso na relação B2B

Vale a pena, ainda, destacar dois outros aspectos que devem ser considerados nessa relação empresa-empresa:

- Capacidade de mobilizar pessoas na própria empresa vendedora para atuar e influenciar as pessoas da empresa-cliente. Você se lembra do ditado popular "uma andorinha só não faz verão"? Pois é, no chamado B2B isso quase sempre é uma enorme verdade.

- Atenção às oportunidades de vender outros produtos/serviços que não são da sua área, mas que podem ser úteis ao cliente. É o chamado *"cross selling"*, que em tradução livre significa "venda cruzada", que poucos têm conseguido viabilizar. Talvez a sua empresa não forneça o que o cliente precisa. Mas, se você descobrir o que é, ajude-o, mesmo que seja com outro fornecedor. O importante é o cliente perceber que você é um profissional que propicia soluções, e não apenas um "tirador de pedidos".

Para ajudar a diagnosticar melhor a sua situação atual, reflita sobre como se comportaria diante de um caso real, como o descrito a seguir·

O que você faria?

Você está sendo recebido por um potencial cliente, de um grande grupo empresarial, às voltas com um sério problema em decorrência de um acidente.

Atualmente, esse cliente é atendido por alguns concorrentes pequenos na prestação de serviços similares aos da empresa que você representa.

Pelo histórico e perfil dos atuais prestadores de serviço, o cliente não deve estar sendo bem atendido. Existe uma grande possibilidade de o problema ter se agravado.

Mas o cliente está passando por séria crise financeira e só quer saber do menor preço.

Para complicar, não há clareza sobre quem será o contratante dos serviços, uma vez que o passivo está gerando discussões entre a empresa, as seguradoras e os clientes dela, que são proprietários dos produtos destruídos no acidente. A empresa insiste no discurso que preço é fundamental. Que busca o melhor "custo x benefício". Que adoraria comprar um sedã de luxo, mas no momento só pode ter um carro pequeno ou, no máximo, médio.

Como mostrar os diferenciais da sua empresa? Como "garantir" ao cliente que sua empresa é a melhor opção? Como demonstrar que os serviços prestados por ela podem auxiliar na mitigação dos problemas atuais e futuros?

Como furar o bloqueio de preço? Qual a melhor maneira de ajudar esse cliente e se tornar imprescindível? Você está decidido a vender valor em vez de preço. A tática é enfatizar o conjunto, a qualidade, os diferenciais, mas há o desafio de compatibilizar todas essas variáveis com a situação na qual o cliente se encontra atualmente.

Como vender o diferencial para esse novo cliente que precisa conquistar? Com quem mais conversar para demonstrar esses potenciais benefícios ao cliente? Quem na empresa pode lhe ajudar a montar essa estratégia e a vender essa ideia para o cliente?

QUANDO O CLIENTE É O CONSUMIDOR FINAL: venda no varejo

Aqui o nível de complexidade é outro. Esse relacionamento foi denominado B2C, ou seja, *business to customer*, expressão que em tradução do inglês significa negócio com o consumidor direto, ou seja, com o usuário.

Vejamos o exemplo de um casal e dois filhos adolescentes (um rapaz e uma moça) que entram em uma concessionária de automóvel. Aqui também temos de mapear o básico: Quem é o cliente? Quem vai pagar? Quem vai influenciar a compra? Tem algum detrator? Será que o rapaz preferia uma moto em vez de um segundo carro para a família? Já saíram de casa sabendo o que queriam ou há espaço para influenciar a escolha? O que desejam? Performance, uso funcional do veículo ou o prestígio social? Por que estão considerando essa marca?

Mesmo numa situação mais simples — quando mãe e filha entram em uma butique de peças de vestuário —, a pergunta de sempre prevalece: quem é a cliente? Quem decide, quem paga, quem influencia...

Na situação B2C, são também MUITO importantes a segmentação por tipo de cliente e a customização da oferta. Atenta para esse fato, uma jovem empreendedora teve grande sucesso ao aplicar essa forma de pensar em seu sofisticado hotel, instalado em um balneário. Primeiro, ela percebeu que recebia quatro tipos de clientes. A dúvida era como segmentar sua oferta e ter alta satisfação em todos eles.

Para que os funcionários pudessem entender bem os quatro segmentos, a empreendedora os apelidou com nomes pitorescos:

JOVENS POMBINHOS: namorados ou recém-casados interessados em esportes radicais, passeios atraentes e baladas noturnas. Passavam o dia fora, só usavam o hotel para o café da manhã e para dormir. Muitos escolhiam o hotel para a sua lua de mel.

POMBOS EXPERIENTES: casais com mais de 50 anos, muitos estrangeiros, que adoravam a boa gastronomia no hotel e bebidas mais caras. Passavam o dia à beira da piscina, lendo revistas e livros. Adoravam conversar com os funcionários. Pouco saíam do hotel. Às vezes, passavam uma semana inteira circulando pelas dependências do estabelecimento. Constituíam a maior fonte de receita do hotel.

FAMÍLIA FELIZ: típico casal com dois filhos menores. O que buscavam era ocupação e múltiplas atividades para os filhos, de modo que pudessem voltar a desfrutar do tempo entre eles, namorar etc. Alguns eram usuários contumazes. Voltavam ao hotel a pedido — ou por "exigência" — dos filhos, que adoravam as atenções recebidas ali.

EFICIÊNCIA S.A.: os clientes corporativos que durante a baixa estação eram a principal fonte de renda do hotel, que tinha boas salas para a realização de eventos. Exigiam eficiência, bons equipamentos e refeições rápidas com autosserviço para economizar tempo.

Perceberam o chamado "quatro em um"? É como se funcionassem simultaneamente quatro hotéis em apenas uma instalação, pois atendia a vários públicos com necessidades bastante distintas.

Os funcionários foram treinados para perceber, desde o momento da reserva, qual era o tipo de cliente e se preparavam com antecedência para receber o hóspede de forma adequada e customizada. Até o tom de voz dos garçons, quando se dirigiam a cada mesa, era diferente dependendo do tipo de cliente que a ocupava.

A pergunta-chave é a eterna QUEM É O CLIENTE? Se você não decifrar esse enigma, dificilmente terá sucesso em praticar a clientividade.

QUANDO O CLIENTE É A REDE DE DISTRIBUIDORES E REVENDEDORES

Toda empresa que vende significativa parcela dos seus produtos/serviços por meio de uma rede de distribuição deve tratar essa rede como se fosse um cliente. Embora pareça óbvio, isso é muito verbalizado e pouco praticado.

A empresa precisa investir na sua linha de frente, pois é bem ali que o produto escoa ou fica encalhado. E precisa ter consciência de que, em vários tipos de negócio, o cliente já não mais precisa da loja física e faz suas compras por comércio eletrônico, que para a empresa vendedora também pode ser mais rentável, pois os custos operacionais são menores. Determinada rede de franquias atestou recentemente que seu eCommerce já vendia mais que qualquer uma das suas 17 lojas!

O que significa investir na rede de distribuidores/revendedores?

- Engajar toda a rede na estratégia, filosofia e metas da empresa para que todos "falem a mesma língua".
- Apoiar concretamente e com programas estruturados o desenvolvimento do revendedor: ajudá-lo a fazer um plano de negócios, a montar o básico de uma gestão profissionalizada (fluxo de caixa, pessoas, atendimento a clientes), a equacionar sua sucessão, pois a maioria é composta de empresas familiares.

- Deixar claro para cada distribuidor que "o seu sucesso será o meu sucesso", com atos e fatos, e não apenas com palavras agradáveis, ou seja, o sucesso da empresa será sempre consequência do sucesso de cada revendedor.

- Envolver o distribuidor na cocriação de soluções para o produto e para o modelo de negócios da marca por meio de precificação, promoções, identidade etc., em vez de apenas reuni-los uma vez por ano para comunicar decisões e exigir disciplina para que sejam implementadas na ponta.

- Ajudar cada distribuidor a vender o conceito do produto/serviço, e não apenas o produto. Exemplo, uma loja varejista de calçados pode vender apenas tênis e sapatos de várias marcas, ou pode vender um "estilo de vida", conceito associado a determinada marca. Essa postura na linha de frente faz toda a diferença para o cliente: sua tendência é comparar calçado com calçado e aí sempre optar pelo menor preço. Mas, ao comparar calçado com um estilo de vida, pode dar preferência a um sapato que até custe um pouco mais caro, desde que se identifique com esse estilo de vida.

Lembrem-se do dado revelado pelo *Clientômetro*, aquela enquete com os clientes da nossa empresa: 92% dos clientes percebem a diferença no atendimento entre lojas de uma mesma franquia ou rede.

Isso é grave, pois, se você, por exemplo, compra um seguro-saúde na cidade de São Paulo, tem a natural expectativa de receber o mesmo nível de atendimento e serviços de um credenciado daquela empresa se, quando estiver de férias com a família em uma cidade no Nordeste, ocasionalmente se deparar com algum problema que exija assistência médico-hospitalar.

Da mesma forma, se você compra um carro em uma cidade e precisa de assistência técnica em outra cidade, espera que a rede o atenda de forma homogênea. Enfatizo: *de forma homogênea*, o que não significa padronizada.

Para favorecer o relacionamento com a rede de distribuidores e revendedores, gostaria de propor três sugestões adicionais inspiradas no Princípio da Clientividade:

- Deixe de tratar os membros da sua rede de distribuidores e revendedores como "CANAIS". Passe a considerá-los PARCEIROS! A palavra "canal" reforça um modelo mental equivocado: dá a entender que eles estão "fora" da empresa. Entenda que os parceiros são parte integrante da empresa e como tal devem ser tratados e respeitados.

- Reconheça os esforços e resultados dos seus parceiros e valorize o empenho e o comprometimento deles com sua marca. Evite focar apenas o contencioso comercial e de barganhas de preços e condições de pagamento, típicas das interações empresa-distribuidor.
- Ouça, ouça e ouça essa linha de frente. Estimule-os a ser um radar avançado da empresa junto aos clientes finais. Peça sugestões e, sempre que possível, implemente algumas ideias propostas e premie os mais comprometidos para que esse reconhecimento sirva de exemplo para os demais.

QUANDO O CLIENTE É INTERNO:
está dentro de casa

Já enfatizei que TODOS *SOMOS* CLIENTES.

Agora gostaria de alertá-los que TODOS *TEMOS* CLIENTES. Ou alguém aqui pensa que não tem clientes?

Podem olhar para os lados, trocar ideias, perguntar para o vizinho.

"Você tem ou não cliente?"

Da última vez que fiz essa provocação, durante uma reunião na pequena empresa familiar em que trabalhei antes de fundar esta, pedi para quem achava que não tinha cliente levantar a mão e colocar seu ponto de vista.

Todos riram, mas ninguém ergueu a mão. A sala foi tomada por um burburinho até que uma moça que trabalhava na área de TI (tecnologia da informação) levantou-se e afirmou: "Sim, todos temos clientes, mesmo quem, como eu, trabalha em uma área funcional. E vou além: TODOS SOMOS VENDEDORES!"

De fato, essa jovem ilustrou muito bem o meu ponto de vista ao relatar que pensava ter um chefe, o seu gerente administrativo-financeiro, a quem reportava. Até o momento que percebeu que melhor do que pensar que tinha um chefe seria se relacionar com ele como seu cliente.

E ela foi citando outros clientes internos: a área de produção, que cobra soluções para funcionar melhor; todo o setor comercial, que precisa de informática para lidar com seus clientes de forma rápida e acurada.

Vou repetir a frase final dela, pois gostaria que vocês gravassem como se fosse um mantra: "Todos os dias eu vou sair de casa para vir trabalhar pensando em como melhor atender às demandas dos meus clientes internos, e não mais das chefias."

RELEMBRANDO OS TÓPICOS principais que abordamos na primeira e na segunda parte do nosso evento, vimos até o momento vários pilares da Clientividade; e espero que tenha ficado claro que todos somos clientes. Todos temos clientes. Cliente é um alvo móvel. Cliente não é privilégio de uma área. Todos somos vendedores.

Enfim, todos precisamos aprender a "respirar clientes".

Agora é um momento oportuno para fazermos outra breve pausa e refletirmos:

REFLEXÕES #2

1. Tenho o perfil adequado para os desafios da clientividade? Quais são meus pontos fortes?
2. Que novas competências/conhecimentos/habilidades preciso adquirir?
3. Quem são **meus interlocutores nos clientes?**
- Qual a minha porta de entrada?
- Quem tem sido meu principal interlocutor após a entrada?
4. Quais os novos clientes que preciso **conquistar?**
5. Quais os clientes a **fidelizar?**
6. E aqueles clientes a **reconquistar?**
7. Há um novo **espaço inexplorado** atrás do qual posso ir?

PARTE 3

O que os clientes compram X o que as empresas vendem
Muito além do atendimento e do relacionamento!

3. O que os clientes compram versus o que as empresas vendem

Muito além do atendimento e do relacionamento!

Clientes querem solucionamento, não apenas atendimento ou relacionamento. O cliente deseja muito mais do que produto de qualidade com preço competitivo. Como já foi salientado antes, esses dois atributos são importantes para que a empresa entre em campo e seja considerada apta para o jogo e, portanto, passe a ser vista como uma opção pelo cliente. Mas não asseguram a vitória.

Também já sabemos que um bom atendimento e relacionamento são fatores importantes para jogar bem.

O que nem todos perceberam com clareza é que os clientes querem muito mais

96 | CLIENTIVIDADE

que "apenas" qualidade, preço, atendimento cortês e relacionamento eficaz.

O que mais valorizam é outra palavra, que também precisa passar a fazer parte do nosso vocabulário:

S – O – L – U – C – I – O – N – A – M – E – N – T – O!

Além de garantir um produto de qualidade com um bom preço e de prestar bom atendimento, você tem que dar uma **solução** para as necessidades do cliente na hora que ele mais precisa. Não adianta somente paparicá-lo, enviar cartões, fazer o chamado marketing de relacionamento, nem recebê-lo com sorrisos e cortesias. Tudo isso é necessário, porém não é mais suficiente. A palavra mágica que rima com atendimento, relacionamento e encantamento é *solucionamento*!

O *solucionamento* ocorre quando você consegue agregar valor ao cliente. Ou seja, quando a empresa gera resultados mensuráveis, quantitativos ou qualitativos que beneficiam o cliente.

Vamos a um exemplo: uma empresa de transporte urbano necessitava renovar sua frota e adquirir mais de uma centena de caminhões. A sua operação sofria com dois problemas.

Um deles, um desgaste maior que o normal na suspensão traseira, porque os caminhões que haviam sido projetados mais para uso na estrada do que em ambiente urbano trafegavam sempre com carga pesada e eram obrigados a passar por incontáveis lombadas na cidade.

O outro problema dizia respeito à natureza dos seus serviços. Sempre operavam com o motorista e três carregadores, diferentemente da concorrência, que utilizava apenas dois carregadores. Em decorrência disso, um dos carregadores era obrigado a viajar pendurado no estribo, e não sentado no banco da cabine, que só comportava três pessoas: o motorista e mais dois carregadores. O fato aumentava o risco de acidentes e reclamações trabalhistas, entre outros inconvenientes.

O diretor de suprimentos da empresa expôs o problema a cinco possíveis fabricantes dos quais já tinham adquirido produtos no passado. Quatro deles eram mestres no atendimento e no relacionamento VIP com o cliente.

Mas, para sua surpresa, quem o procurou com uma proposta significativa, uma semana depois da conversa, foi o quinto fornecedor, o qual, além de gentil e educado no tratamento com a empresa, apresentou um diferencial que chamou a atenção: um novo design para os caminhões, que seriam totalmente customizados para essa empresa, caso optassem por fazer o pedido.

A solução proposta envolvia mudanças nos detalhes da suspensão traseira, de modo a diminuir os custos de manutenção do cliente, e mudança forte na distribuição interna da cabine para caber um banco maior, que proporcionaria segurança e conforto para quatro ocupantes, além de diminuir os riscos de reclamações trabalhistas. Havia um pequeno diferencial de preço em função do ajuste, mas esse acréscimo ficaria irrisório diante da economia e dos benefícios para operar a frota ao longo dos próximos cinco anos. Em outras palavras, a percepção de valor foi bem superior ao pequeno aumento do preço.

Entenderam como muitas vezes o cliente compra SOLUÇÕES que agregam valor ao seu negócio, nem sempre apenas o menor preço, bom atendimento e relacionamento?

Pirâmide da Clientividade

Os principais componentes da oferta de uma empresa para seus clientes — determinantes do seu posicionamento na relação com eles — estão evidenciados nas duas figuras a seguir, que representam a **"Pirâmide da Clientividade"**.

Figura 2: Pirâmide da Clientividade I

A Pirâmide da Clientividade I (Figura 2) evidencia uma espécie de "escalada" dos componentes da oferta de uma empresa para seus clientes. Na base da pirâmide, o que ainda é considerado pela maioria como o binômio do sucesso: produto de qualidade com o preço competitivo. No "degrau" seguinte, já se observa uma evolução: pensar que a vitória reside nos serviços, e não mais apenas nos produtos. Subindo um pouco mais, surgem aquelas que confiam no atendimento como a chave para atrair clientes. No quarto "andar" dessa escalada está o relacionamento. Finalmente, no topo da pirâmide, a criação de soluções integradas configura o segredo do sucesso do posicionamento de uma empresa perante seus clientes.

Poucas empresas têm a consciência de que todos esses componentes são importantes para conquistar e fidelizar seus clientes. As que entregam os cinco elementos na sua oferta são as vencedoras.

Aliás, para *conquistar* um cliente é fundamental cumprir com o que é mandatório: qualidade, preço, atendimento e relacionamento. Porém, para *fidelizar* o mesmo cliente, para tornar-se imprescindível, a chave está no quinto degrau, no SOLUCIONAMENTO, embora todos os demais permaneçam obrigatórios.

A Figura 3 confirma essa afirmação ao apresentar duas pirâmides.

Figura 3: Pirâmide da Clientividade II

A pirâmide com fundo branco reproduz a imagem apresentada na Figura 2, simbolizando a perspectiva da oferta do ponto de vista da empresa.

A pirâmide invertida, pintada de preto, traz a perspectiva do cliente. Ou seja, o que o cliente percebe em cada uma das ofertas.

Quando a empresa oferece produto de qualidade e preço, o cliente compra performance e desempenho. Se for um carro, por exemplo, o cliente "compra" o desempenho, o consumo de combustível por quilômetro rodado, a velocidade, a expectativa de duração do carro, o espaço do veículo comparado às necessidades da família etc.

Quando a empresa oferece serviços, o cliente compra a facilidade da rede de atendimento e assistência técnica, o acesso, a logística.

Se a empresa tem bom atendimento, o cliente recebe cortesia, e quando a empresa adiciona relacionamento, o cliente se beneficia de facilidades, como o "cartão fidelidade", do tratamento VIP, do atendimento preferencial, entre outras vantagens.

Mas o verdadeiro "pote de ouro" está no topo da pirâmide, quando a empresa oferece soluções e o cliente compra resultados e agregação de valor.

Mas como medir essa agregação de valor?

Observe a Figura 3 mais uma vez: a área pintada de preto simboliza a quantidade de valor percebida pelo cliente.

Note que na base da pirâmide a área com fundo preto é bem pequena, ou seja, a percepção de valor pelo cliente é mínima quando a oferta é "apenas"

102 | CLIENTIVIDADE

qualidade e preço. Então, se um concorrente oferecer um produto um pouquinho melhor, uma novidade ou um desconto de 5%, o cliente embarca na oferta desse concorrente. Essa base da pirâmide é uma área que pode ser chamada de "território das *commodities*". Ali, a fidelidade é muito baixa, porque a oferta não tem diferenciais. É até certo ponto vulgar; pode ser facilmente copiada.

Mas note que, à medida que você vai subindo na pirâmide, a área pintada de preto cresce gradativamente. Isto é, vai aumentando a percepção de valor do cliente. Até chegar ao topo, onde há muito valor percebido.

Resumindo, SOLUCIONAMENTO é o que os clientes querem de fato, compram de fato. O interesse real não é apenas por qualidade, preço, atendimento e relacionamento. Tudo isso é importante. O posicionamento mais inteligente para uma empresa é oferecer todos esses componentes. Só assim conseguirá atrair e fidelizar clientes ao longo do tempo e resistir às pressões dos concorrentes.

Mas atenção para um "detalhe": **Valor só é de fato valor quando assim é percebido pelos clientes.**

Por que destaquei esse ponto? Porque muitas empresas resolvem encher de "penduricalhos" seus produtos e serviços com o pretexto de agregar valor para os clientes, mas esses artefatos não são valorizados pelos usuários. Como consequência, o custo aumenta, e o preço também.

O cliente não quer pagar mais por detalhes insignificantes. Assim, tenha cuidado, especialmente em tempos de crise, quando o preço ganha contornos importantes. Entenda que a vitória é inevitável toda vez que a percepção do valor, pelo cliente, é superior ao preço pago.

Atendimento singular

Os menos atentos podem concluir apressadamente que não estou valorizando o atendimento.

Valorizo sim, e muito! O bom atendimento é necessário e desejado, mas não é mais suficiente.

Sempre fui obcecado por uma questão: por que os clientes deixam de comprar em uma empresa? Essa pergunta, que me faço TODOS os dias, foi levada aos participantes daquela pesquisa que encomendamos. Os resultados indicados pelos 1.173 respondentes foram incisivos:

- Empresas com funcionários arrogantes ou despreparados: 23,3%.
- Empresas pouco interessadas em prestar um bom atendimento aos clientes: 15,4%.
- Vendedores e atendentes que ficam conversando entre si e não percebem que o cliente precisa de informações: 15,0%.

- Empresas mais interessadas em vender do que em que você fique feliz com sua compra: 11,0%.

Pode-se inferir que se uma empresa tiver "apenas" bom atendimento não manterá seus clientes por muito tempo. Mas sem um bom atendimento perderá clientes mais rapidamente.

Adicionalmente, a percepção do que é um "bom atendimento" mudou. Antes era sinônimo de sorriso, cortesia, limpeza no ambiente, educação no trato, boa apresentação etc. Agora, tudo isso passou a ser encarado pelos clientes como obrigação. A percepção migrou para uma visão menos cosmética e mais funcional do atendimento.

A mesma pesquisa revelou dados interessantes que lançam luz sobre essa migração:

"Um atendimento excelente ao cliente é aquele que..."

... tem o real compromisso de encontrar uma solução adequada para minhas necessidades (34,3% das respostas).

... torna cada experiência de compra única, agradável, gratificante (23%).

... ouve atentamente o que preciso e somente depois oferece seus produtos e serviços (12,3%).

Uma pergunta elaborada de forma diferente — "Identifique a frase que você considera que as empresas deveriam praticar mais" — confirmou que os clientes priorizam quem oferece soluções para seus problemas: a que obteve os resultados mais consistentes, assinalada por 36,7% dos respondentes, foi a seguinte: "nosso objetivo não é vender um produto, mas ajudar o cliente a encontrar uma solução para suas necessidades."

Deu para perceber como o *solucionamento* passa a fazer parte do atendimento?

Gestão dos intangíveis

Outro alerta que ajuda a entender melhor as razões dessa discrepância entre o que os clientes "compram" e o que as empresas "vendem" diz respeito ao poder dos intangíveis!

Nossa geração foi educada para valorizar o mundo tangível: capital, equipamento, produtos, PDVs, decoração da loja, processos, políticas de precificação, promoção, crédito e cobrança etc.

A competente gestão dos tangíveis também está no rol das obrigações. Quem não for craque nisso nem entra em campo. Se for bom nesses fatores, começa o jogo. Mas não significa que o vencedor já está definido.

106 | CLIENTIVIDADE

As causas do verdadeiro sucesso podem ser encontradas no diferencial dos fatores INTANGÍVEIS, tais como:

- CREDIBILIDADE E CONFIANÇA: a base de toda relação sadia, que implica cumprir sempre o prometido em termos de prazos, condições, respostas e soluções de problemas, especialmente no pós-venda;
- TRANSPARÊNCIA: respeitar o cliente, revelando e alertando para detalhes que podem prejudicá-lo;
- FLEXIBILIDADE: não ser rígido, nem impor procedimentos apenas por má vontade;
- CUSTOMIZAÇÃO: evitar a padronização da oferta, respeitando as características particulares de cada cliente;
- PERSONALIZAÇÃO: reconhecer e dedicar atenção especial aos clientes frequentes e fiéis;
- EXPERIÊNCIA: oferecer ao cliente oportunidades de apreciar uma sensação agradável desde o momento da escolha, passando pela hora da compra e culminando no uso dos produtos e serviços.

Você pode atrair clientes com os fatores tangíveis (produto, preço, *layout* da loja, entre vários outros), mas o que vai fidelizar os clientes são os fatores intangíveis.

Preste bem atenção: **O que fideliza o cliente é aquilo que ele não pega, nem vê, mas sente!**

O quadro a seguir resume dois pontos nevrálgicos no relacionamento entre clientes e empresas:

EMPRESAS VENDEM	CLIENTES COMPRAM
Atendimento e relacionamento	Solucionamento
Tangíveis	Intangíveis

Mas cuidado ao contrapor fatores tangíveis e intangíveis. Pois eles não são excludentes, quer dizer, não se deve simplesmente substituir um pelo outro nem preferir um em detrimento do outro. Trata-se de somar, adicionar. Clientes compram não apenas o que a empresa oferece, mas muito além disso.

A equação correta seria:

> **Produto e Serviço de qualidade +
> Preço competitivo + Atendimento +
> Relacionamento + Solucionamento acrescido
> de fatores tangíveis + Intangíveis
> =
> Felicidade dos clientes e Resultados da empresa**

A grande questão é como colocar isso em prática. Como introduzir Solucionamento + Intangíveis no nosso pacote de ofertas que tradicionalmente se contenta com Atendimento/Relacionamento + Tangíveis?

Segundo aquela pesquisa que fizemos, 79% dos compradores afirmaram que entram em uma loja já sabendo o que vão comprar. Apesar desse elevado índice, 61,7% declararam que *"um bom vendedor é capaz de me convencer a comprar algo que não pensava em comprar".*

Então há espaço para bons vendedores influenciarem a decisão dos clientes e assim praticarem o *solucionamento!*

O problema reside em outro lugar: no despreparo da maioria dos vendedores, apontado por quase 87% dos respondentes da mesma enquete.

Capacitando o time

Como preparar tanto a equipe de vendas quanto as demais áreas para o tão almejado SOLUCIONAMENTO?

A capacitação deve abranger alguns aspectos que podem ser relevantes, na maioria dos casos, para as pessoas que trabalham numa empresa visando a SERVIR aos seus clientes:

1. CONHEÇA TUDO O QUE PUDER SOBRE SUA EMPRESA E O PACOTE DE PRODUTOS E SERVIÇOS!

Pode parecer estranho, pois a premissa básica é de que vendedores e atendentes conhecem bem a empresa onde trabalham. Mas nem sempre isso ocorre.

Se antes já se fazia notar essa necessidade, atualmente ela se tornou ainda mais premente, afinal os **consumidores se** preparam antes de ir às compras. Pesquisam na internet, nas redes sociais e sabem comparar especificações e preços. No *Clientômetro* mencionado, 65,7% consideram que conhecem mais os produtos e serviços do que os próprios vendedores.

O melhor modo de evitar situações constrangedoras é estar preparado. Pergunte, descubra tudo o que puder sobre a atividade do local onde você trabalha. Se você é livreiro, procure conhecer mais

110 | CLIENTIVIDADE

os livros do setor onde atende seus clientes. Se não puder ler os livros, leia pelo menos as orelhas e quarta capa; informe-se pelas resenhas que saem nos jornais. Se trabalha em loja de confecções, esteja antenado às tendências da moda, às coleções apresentadas nos últimos desfiles. Conheça também os complementos dos produtos que você vende.

Quando não souber algo, reconheça e garanta ao cliente que muito em breve você voltará com a informação solicitada. E cumpra o prometido. Seu cliente vai adorar a sua sinceridade e o seu empenho.

Enfim, seja o melhor profissional do mundo na sua área. Não fique esperando a empresa oferecer treinamento. Seja o mais bem-informado. Conheça com profundidade o seu trabalho, assim como os produtos, serviços, perfil, atividades e forma de atuar da sua empresa. Saiba tudo sobre o seu negócio!

Se você não dominar o negócio, os produtos e serviços e a capacidade da sua empresa de articular soluções para seus clientes, será muito difícil você oferecer aquilo que seu cliente mais deseja: **solucionamento!**

2. SAIBA TUDO O QUE PUDER SOBRE O NEGÓCIO, OS DESAFIOS E AS NECESSIDADES DO SEU CLIENTE (ESPECIALMENTE SE FOR UM B2B)

Você tem ideia do que está tirando o sono de seus clientes? Conhece suas dores e seus desafios? Só assim você conseguirá ajudá-los, agregando valor e se tornando imprescindível.

Certa empresa que vende insumos para o setor agrícola e atende vários fazendeiros percebeu que eles enfrentavam alguns problemas:

a) *Sucessão*: estavam chegando aos 70 anos e seus herdeiros não conheciam nem gostavam do negócio; alguns tinham estudado no exterior, mas preferiam outro tipo de atuação profissional.
b) *Contencioso trabalhista*: não contratavam de acordo com a legislação nem gerenciavam suas equipes. Em alguns casos, o contencioso já era superior ao valor da fazenda.
c) *Mercado externo*: faltava-lhes conhecimento de como exportar seus produtos.
d) *Alto endividamento*: desconheciam como alongar dívidas e renegociar condições e faltava-lhes acesso ao mercado de capitais.

Temendo que essas condições prejudicassem ainda mais a capacidade de compra desses clientes, essa empresa resolveu oferecer algo inusitado: uma assessoria especializada para ajudá-los a equacionar seus desafios.

Para isso, recontratou ex-funcionários, já aposentados, das áreas de contabilidade, recursos humanos e vendas internacionais e montou uma pequena e informal "unidade de consultoria" para prestar serviços aos fazendeiros. Sem nada cobrar deles por esse serviço!

3. RESOLVA, MESMO QUE NÃO SEJA DA SUA ÁREA!

Ao cliente não interessa saber como a sua empresa está estruturada, que a departamentalização acaba especializando os funcionários em áreas e cada uma delas se encarrega de tarefas predeterminadas. Ele quer solucionar o problema que tira o seu sono. Ainda que não seja da sua área, resolva a dificuldade do cliente!

Voltando à pesquisa, as respostas à pergunta *"Qual a frase que você gostaria que as empresas praticassem MENOS?"* mostram que é preciso evoluir muito nesse quesito. Eis os principais resultados:

- "Isso não é comigo!" (apontada por 27%);
- "Eu fiz a minha parte quando vendi esse produto/serviço. Foi o outro departamento que falhou..." (mencionada por quase 20%).

Solucionamento não comporta frases como essas que os clientes estão denunciando. Rima, sim, com a atitude de fazer mais do que o combinado. Mesmo quando não é da sua área, surpreenda seu cliente sempre que puder. Isso ajuda — e muito —, repito, na percepção de estar recebendo um valor superior ao preço pago.

4. ALERTE! NÃO ENGANE, NEM EXAGERE

Os clientes não gostam de bajulação, principalmente quando soa falso. E muito menos de mentiras e exageros. Podem até perdoar a falha nos produtos, mas não perdoam falhas no caráter das pessoas com as quais se relacionam.

Você já sabe que os clientes não compram apenas produtos e serviços. Compram muitas vezes o intangível, o simbólico. Compram também o "não produto". É aí que você pode fazer a diferença, dando um toque pessoal à transação com o cliente.

Temos a responsabilidade de educar nossos clientes sobre o uso do produto, o reúso de embalagens. Temos de alertá-los sobre os verdadeiros preços dos produtos que inflam à medida que as "suaves prestações mensais" dissimulam juros exorbitantes. Precisamos informar os riscos inerentes e ajudá-los cada vez mais a fazer compras conscientes.

Exagerar, enganar e não prevenir podem criar ressentimentos muito difíceis de ser removidos. Seja transparente sempre.

114 | CLIENTIVIDADE

Respeite seu cliente: não engane, nem exagere. Alertar faz parte do solucionamento!

5. CERTIFIQUE-SE DE QUE FOI ENTREGUE

O importante não é apenas enviar, e sim checar se a encomenda foi recebida.

Muita gente se esquece do princípio mais elementar da comunicação: o que importa é o receptor da mensagem, e não o emissor. Sempre se desculpam, alegando que "mandei o e-mail" ou que "o documento foi enviado" e até mesmo que "o motoboy já saiu daqui". É preciso verificar se o documento foi recebido, se o motoboy já chegou e se foi feito o acesso correto do e-mail.

Essa atitude do "se saiu daqui o assunto está resolvido" não constrói bons relacionamentos. Confira sempre com a logística de sua empresa se de fato já foi enviado o que ficou combinado que seria. E, logo em seguida, confira com o destinatário se o produto chegou: Recebeu as flores? O brinde foi entregue? A carta alcançou o destino? O documento foi assinado?

Garanta, enfim, que o prazo seja cumprido e evite se surpreender pelo telefonema do cliente no dia seguinte reclamando da entrega.

Jamais se coloque na posição de ter de responder "mas eu despachei tudo ontem...".

Certifique-se de que foi entregue! Isso faz parte do solucionamento.

Solucionar é preciso!

Vamos recordar algumas das mensagens abordadas até aqui nesta conversa sobre clientividade.

Empresas vendem produtos, mas clientes compram não apenas os produtos físicos ou serviços, mas o benefício do uso do produto/serviço. Compram uma solução para as suas necessidades. Compram muitas vezes o "não produto", ou seja, os atributos intangíveis atrelados ao produto.

As empresas precisam aprender a falar a mesma linguagem dos clientes se desejam ter um grau de sucesso maior na atração e fidelização deles e na transformação dos clientes em embaixadores da sua marca.

Para tal, as empresas precisam compreender os sonhos dos clientes. Aqueles verbalizados, os intrínsecos e até aqueles dos quais os clientes ainda nem se dão conta. É importante antecipar seus desejos e necessidades futuras.

É preciso entender, de uma vez por todas, que o sucesso empresarial consiste na construção de um sonho coletivo: dos empreendedores, dos clientes e das equipes, como ilustrado na Figura 4.

Figura 4: Triângulo de sonhos

A melhor forma de ter alta convergência entre o que as empresas vendem e o que os clientes compram é entendendo os sonhos dos clientes para que, por meio da realização desses sonhos, as empresas e suas equipes possam ter os seus sonhos realizados.

SEJA QUAL FOR O SEU TIPO DE NEGÓCIO, vale a pena refletir mais profundamente sobre *solucionamento*, respondendo às perguntas a seguir — e esteja aberto a levantar outras que contemplem situações peculiares à sua área de atuação:

REFLEXÕES #3

1. Quais os principais obstáculos para que você ofereça solucionamento para seus clientes?
2. Quais os três fatores intangíveis mais relevantes para os clientes no seu negócio?
3. Qual a maior discrepância entre o que os seus clientes "compram" e o que sua empresa "vende"? Entre o que "querem" e o que você "oferece"?
4. Quais os principais sonhos dos seus clientes? Quais as suas "dores"?
5. Quais os benefícios que os clientes desejam na interação com sua empresa? E quais você pode oferecer para aliviar seus problemas?

PARTE 4

Como praticar a *clientividade* em todos os níveis
Uma missão de todos... do porteiro ao presidente!

4. Como praticar a *clientividade* em todos os níveis

Uma missão de todos... do porteiro ao presidente!

Essa não é uma mera frase de efeito, nem se trata de um exagero.

Um amigo de longa data me contou que aprendeu o significado dessa frase a duras penas, quando operava um parque temático em Porto de Galinhas, no famoso balneário do litoral pernambucano.

Ele foi interpelado por um cliente, procedente de São Paulo, que já tinha se hospedado no hotel pelo menos duas vezes com a esposa e três filhos menores. De forma calma e educada, porém demonstrando certa surpresa e um grau de aborrecimento, ele relatou que chegara ao hotel que faz parte do parque no final daquela ma-

122 | CLIENTIVIDADE

nhã após pegar um voo que saiu às 7h da capital paulista e dirigir um carro alugado durante cerca de uma hora do aeroporto no Recife até o destino — exatamente como fizera das outras vezes.

Ao longo do trajeto, a família fazia planos para muita diversão durante aqueles dias do feriado prolongado. Não podiam conter a alegria e a expectativa de logo chegar e começar a curtir as delícias daquele local paradisíaco.

Na guarita que dá entrada para as dependências do hotel, o porteiro, antes mesmo de cumprimentá-lo, foi logo disparando: "O senhor tem reserva? Porque estamos lotados!"

Respondeu que sim e deu o seu nome completo, mas o porteiro disse num tom mal-humorado que sua reserva não constava da lista de hóspedes para aquele dia.

Ele pediu que o porteiro ligasse para a recepção, mas este insistiu que não havia sentido em ligar porque seu nome não constava da lista. A essa altura, seu filho já tentava interferir no diálogo. A esposa procurava o voucher na bolsa e na valise e não conseguia encontrá-lo. Após alguns momentos desagradáveis na portaria, a filha mais velha finalmente conseguiu ligar do seu celular para a agência de viagens que vendeu o pacote turístico. Vários minutos depois — que pareciam uma eternidade —, a recepcionista do hotel ligou para a portaria, que autorizou a entrada da família.

Ao relatar essa situação, o cliente, executivo de uma multinacional, disse ao meu amigo a frase que o fez mudar a sua forma de pensar sobre marketing, vendas, atendimento e sobre todas as outras pessoas que se relacionam direta ou indiretamente com os clientes:

"Cliente deveria ser uma missão de todos numa empresa, do porteiro ao presidente!"

Ele agradeceu, pediu desculpas, prometeu treinar melhor sua equipe.

Nesse momento, o cliente verbalizou uma segunda frase, que causou um impacto ainda maior: *"Não deixe de motivá-los bastante, pois não há cliente encantado em empresa com pessoas infelizes ou mal treinadas."*

Meu amigo começou a refletir sobre as responsabilidades por aquele erro. O que agrava ainda mais a situação são estudos que detectam um grau significativo de infelicidade na grande maioria da força de trabalho em vários países do mundo. Se esses estudos refletem a realidade, isso pode explicar as razões do baixo grau de satisfação dos clientes com relação a inúmeras marcas e empresas.

O porteiro não foi treinado para perceber que ele é uma pessoa importante naquela empresa. É o primeiro ponto de contato com o cliente. Responde pelo primeiro atendimento: dar as boas-vindas, abrir a porta do carro ou pegar o carro para estacionar, orientar os hóspedes na entrada ou na saída.

O gerente do estabelecimento tampouco percebeu sua importância. Com certeza, o hotel gastara uma fortuna para atrair clientes como aquele, que motivariam a publicação de notas nas colunas sociais de jornais e revistas de várias capitais. Mas o gerente os estava deixando escapulir pelas mãos porque não treinara todos, sem exceção, inclusive o porteiro, para se relacionar com os clientes.

E ele, que havia construído aquele negócio, também se considerava culpado, pois, como muita gente, ainda achava que relacionamento com cliente é missão apenas da turma de marketing, vendas e atendimento. O cliente deseja algo? Chame alguém do comercial ou o gerente da conta daquele cliente. Grande engano!

Lição aprendida: cliente é responsabilidade de todos, do porteiro ao presidente. O melhor marketing começa dentro de casa. Encante sua equipe para encantar clientes.

Mobilize *todos* para *servir* ao cliente!

Servir ao cliente

Ter uma equipe capacitada e entusiasmada, fazendo o que gosta, agindo com interesse genuíno pelo outro, pelo cliente no sentido amplo, que pode ser o consumidor, o distribuidor, o cliente interno, o investidor, a comunidade onde o hotel está instalado. É isso o que significa servir ao cliente.

Mas não se pode confundir SERVIR com ser subserviente. Nem tampouco interpretar o espírito de servir com atitude servil. Servir é decorrência da vontade autêntica de ser útil ao outro.

SERVIR deve ser encarado como um propósito de vida: é dar de si, fazer mais do que o combinado, mais do que o protocolo da descrição do seu cargo e função.

A atitude de servir requer generosidade, paixão pelo que faz, humildade.

Servir ao cliente é muito diferente de se servir do cliente. Os resultados financeiros são consequência.

Dentro desse espírito, o papel do líder deve ser entendido como o de servir à equipe para que esta possa servir ao cliente.

Abro aqui uma exceção para citar um autor estrangeiro devido à força e profundidade de uma frase que dele ouvi. Trata-se de Karl Albrecht, um dos fundadores da Aldi, a maior rede de supermercados da Alemanha. Ele afirmou certa vez algo como: *"Se você não estiver servindo ao cliente, sua função é servir a alguém que esteja."*

Integração

MOBILIZAR TODOS PARA SERVIR ao cliente implica a necessidade de alta integração entre as diferentes áreas de uma empresa. O grau de clientividade de uma empresa é diretamente proporcional ao seu grau de integração. **Não há clientividade sem integração.**

Por isso, precisamos tanto de pessoas sinérgicas, agregadoras, com o espírito de "construtores de pontes", mais do que "construtores de paredes", como no passado. Em vez da departamentalização, dos feudos internos, dos territórios delimitados, as empresas precisam de pessoas que construam pontes dentro de cada grupo, entre as diferentes equipes, com os clientes, distribuidores, parceiros, fornecedores, sem esquecer as pontes com as comunidades onde operam.

Uma das razões para essa crescente necessidade de integração é que passaram a ser múltiplos os pontos de contato do cliente com a empresa: vendedores, atendentes, *call center*, rede social, eCommerce, além de inúmeros PDCs — os Pontos de Compra presenciais dos distribuidores, revendedores, lojas próprias, e dentro de cada um os responsáveis por cobrança, crédito, jurídico, logística, assistência técnica e manutenção, pós-venda, para citar apenas os mais recorrentes.

Essa realidade aumenta muito a complexidade da relação empresa-cliente. Certamente, seria muito mais simples e fácil se pudéssemos direcionar e exigir do cliente que utilizasse apenas um ou dois pontos de contato com a empresa.

Essa capilaridade de contatos observada hoje exige que TODOS, até mesmo os que não lidam diretamente com o cliente, estejam preparados para interagir e venham a pensar no cliente no momento de tomar decisões.

Podemos afirmar, então, que SOMOS TODOS responsáveis por essa relação, quer seja diretamente, se estamos servindo ao cliente, ou indiretamente, se estamos servindo àqueles que servem aos clientes.

Caso acreditemos que essa é a realidade atual da relação empresa-cliente, temos de nos preocupar com o constatado na nossa enquete: nada menos que 72% dos respondentes do nosso *Clientômetro* afirmaram que consideram verdadeira a frase: "Funcionários que NÃO são da área de vendas (tais como financeiro, administrativo, jurídico, logística etc.) estão despreparados para lidar com clientes."

Na outra pesquisa, os respondentes foram confrontados com 10 opções para decidir em quais delas as empresas deveriam investir mais. As mais votadas foram:

- Cliente é missão de todos: 39%;
- Atitudes e posturas das equipes mais voltadas para os clientes: 22,67%;
- No atendimento pós-vendas: 11,33%.

Parece inequívoca a importância das atitudes de todos os colaboradores de uma empresa na execução do seu posicionamento estratégico. A Figura 5 ilustra como as ações vão sendo encadeadas na empresa, da realização da promessa aos clientes até a tentativa do seu cumprimento para a obtenção dos resultados desejados:

Figura 5: Posicionamento X Expectativas X Atitudes

Em resumo, se uma empresa define o posicionamento da sua marca no mercado por meio de atributos e características do seu "pacote mercadológico" e investe em uma campanha de marketing, fazendo uma promessa a seus potenciais clientes, é bastante natural e esperado que os clientes, ao tomarem conhecimento dessa promessa, por via de intensa publicidade, promoções e outras formas de divulgação, passem a ter certas expectativas sobre o produto/serviço/marca na hora de tomar uma decisão de consumo.

O problema ocorre quando essas expectativas não são traduzidas na hora da interação do cliente com os múltiplos pontos de contato da empresa, pela falta de atitude das diferentes pessoas responsáveis pelo atendimento direto ou indireto.

Por todos esses motivos até aqui expostos, o próximo capítulo apresentará um mapa de atitudes que pode ser útil para ajudar pessoas e equipes, em todos os níveis, a "respirar clientes".

Antes de virar a página, no entanto, proponho que você reflita um pouco mais sobre se a postura de servir ao cliente está presente em todos os níveis da sua atividade ou negócio:

REFLEXÕES #4

1. Qual o nível de integração (de 1 a 5) na sua equipe/empresa/negócio?
2. Você identifica quantas pessoas na sua equipe com o genuíno espírito de SERVIR AO CLIENTE?
3. As campanhas de marketing para influenciar os clientes são acompanhadas de uma campanha interna para os funcionários, traduzindo as expectativas que estão sendo criadas no cliente em atitudes compatíveis com a turma na linha de frente?
4. Em todos os pontos que o cliente pode entrar em contato com a sua empresa, qual aquele que você acha mais vulnerável? E o mais eficaz?
5. A empresa tem investido na capacitação dos distribuidores e terceirizados para representar o espírito da empresa na hora da verdade na interação com os clientes?

PARTE 5

Aprendendo a "respirar cliente"
Atitudes que fazem a diferença

5. Aprendendo a "respirar cliente"

Atitudes que fazem a diferença

Quando respiramos, o oxigênio passa a fazer parte da nossa corrente sanguínea. Se respirarmos cliente, esse personagem passa a fazer parte do nosso DNA.

A satisfação dos clientes vem tanto da forma pela qual você interage com eles quanto pela qualidade do produto ou do serviço em si. Essa interação pode ser inesquecível e, de certa forma, até compensar certas deficiências do produto/serviço. Mas nenhum produto, por mais perfeito que seja, compensa deficiências na forma como se trata o cliente.

Você sabe do que estou falando. Já deve ter percebido como é desagradável ser atendido de forma fria, distante, maquinal, sem vontade ou sem o grau de respeito que você julga merecer nos momentos em que você é o cliente.

Convém analisarmos um "mapa de atitudes" que poderá torná-lo mais apto a "respirar cliente": (i) Atitudes que precisa adquirir ou enfatizar; (ii) aquelas que o ajudaram a chegar até aqui e você deve consolidar; e as que seria bom (iii) Eliminar ou desenfatizar, para não continuarem atrapalhando a sua performance junto ao cliente.

ATITUDES QUE VOCÊ PRECISA ADQUIRIR OU ENFATIZAR

- Primeiro entenda, só então ofereça!
- Ponha-se no lugar do cliente!
- Trate o cliente como único e emblemático.
- Eduque e oriente o cliente: ajude-o a decidir!
- Dê atenção a quem acompanha o cliente!
- Esforce-se para ouvir o cliente.
- Defenda os interesses dos seus clientes.

Primeiro entenda, só então ofereça!

Sabe qual é um dos maiores desafios no que diz respeito à gestão? "Entender com profundidade as verdadeiras necessidades dos clientes", têm afirmado vários executivos da área comercial, marketing e a maioria dos presidentes de empresas.

O mais relevante é perceber que cliente é um alvo móvel, como já destacamos antes, e jamais será possível conhecê-lo com o nível de profundidade que deveríamos. Entender o cliente é como a linha do horizonte: jamais chegaremos lá, mas temos que caminhar sempre em direção a ela. Quando achamos que sabemos tudo, o cliente já mudou de expectativa, de sonho, de necessidade. Isso contradiz uma crença comum, revelada pelo vice-presidente de marketing de uma grande empresa multinacional durante evento com profissionais da área: "Estou nesse mercado há 15 anos. Conheço tudo sobre meus clientes." Será?

Nós, vendedores, geralmente introduzimos a conversa oferecendo nossos produtos e serviços. O interesse é conseguir tirar o pedido e vender ali parte da cota do dia. Sacamos catálogos, protótipos, amostras grátis; descrevemos as características e especificações técnicas dos produtos, enumeramos seus benefícios e, depois de saturar os ouvidos e olhos do nosso interlocutor, induzimos o cliente a experimentá-lo.

Nem sempre essa abordagem dá resultado.

Os mais bem-sucedidos, aqueles que cultivam relacionamentos de longa data com clientes, invertem essa sequência: primeiro escutam visando (a) *entender* o cliente, suas reais necessidades, expectativas e sonhos; só depois começam a (b) *oferecer* possíveis soluções.

Isso mesmo, o atendimento eficaz é consequência do entendimento. Mas como fazer para *entender* o seu cliente?

Observe, pergunte, teste possibilidades, observe mais, pergunte outra vez...

Vamos imaginar que você trabalha em uma imobiliária e está de plantão em um condomínio onde há vários imóveis para locação. Chega um casal procurando apartamento para alugar com duas crianças, uma de 7 e outra de 12 anos de idade.

Antes de sair descrevendo as instalações e os serviços que o condomínio possui, a divisão funcional dos cômodos ou a vista espetacular das varandas, faça um esforço para conversar um pouco com eles e entender o que os levou a considerar aquele endereço. Principalmente, procure entender quem é o seu principal cliente: o marido, a esposa ou as crianças?

Se o motivo principal for segurança e oportunidades de lazer para as crianças, mostre primeiro o parque infantil, a piscina, a quadra e a sala de jogos; informe sobre os melhores colégios do bairro e o endereço de um bom pediatra na vizinhança; aponte quantas crianças residem atualmente no condomínio e apresente os interessados a um casal morador que tenha filhos em idades semelhantes a fim de que possam trocar ideias...

Para "respirar cliente", primeiro entenda para só então atender e oferecer: obedeça a essa sequência!

Ponha-se no lugar do cliente

"A melhor forma de vestir a camisa da empresa é vestir a camisa do cliente", afirmou aquele garçom ao ser repreendido pelo *maître* num diálogo presenciado pelo nosso encarregado do marketing.

Pessoalmente, prefiro a metáfora "calçar os sapatos do cliente" para simbolizar a capacidade de empatia, de se colocar no lugar do cliente.

Se você já conhece bem o seu cliente, suas necessidades, expectativas e perfil de comportamento, ótimo. Não está fazendo mais do que cumprir sua obrigação mais elementar.

138 | CLIENTIVIDADE

Para "respirar cliente", você precisa dar um passo além: aprender a olhar para si mesmo, seu negócio e a empresa onde trabalha com os olhos do cliente. Aí você terá algo a mais: conhecer a percepção do cliente o ajudará a refletir sobre meios de ser mais eficaz na hora de atendê-lo.

Quando você for responder "não", "não temos" ou "não trabalhamos assim", faça um pequeno esforço e se transporte para o lugar do cliente. Calce os seus sapatos. Olhe para si mesmo com os olhos do cliente. Antecipe o impacto que suas negativas causarão. Só então resolva como se comunicar, o tom de voz adequado, as palavras mais acertadas, a possibilidade de apresentar alternativas ou, pelo menos, de auxiliar o cliente de outra maneira.

Poucos profissionais têm esse diferencial. A maioria das empresas é prisioneira das técnicas do marketing tradicional. Julga oferecer produtos de qualidade, que agregam valor a seus clientes. Dificilmente olha para si e pergunta: "Se eu fosse o cliente, eu compraria esses produtos aqui? Essa empresa — ou este profissional — está fazendo tudo o que pode para me atender?"

Se você deseja conquistar seus clientes para sempre, demonstre interesse genuíno por eles e ofereça soluções em vez de apenas produtos de qualidade, promoções, distribuição e preços competitivos.

"Respirar cliente" exige que você se coloque no lugar dele.

Trate o cliente como único e emblemático

Quem não gosta de ser bem tratado? Alguém por acaso prefere ser percebido com indiferença, como uma pessoa qualquer?

Faça a experiência: metaforicamente, estenda uma espécie de "tapete vermelho" para os clientes quando eles entrarem em seu escritório, loja, repartição, consultório. Crie condições de sentirem-se únicos. Caso você preste atendimento de telemarketing, observe o seu tom de voz. Dependendo da forma como saudar o cliente, ele tanto pode sentir-se relevante ou apenas mais um na longa lista de atendimentos do dia.

Será fiel à sua marca quem tiver boas lembranças do relacionamento com você. Tenha apenas o cuidado de não exagerar. Um relacionamento eficaz não se caracteriza por overdose de cortesias, que acabam incomodando o cliente.

A rotina ou a sobrecarga de trabalho não podem impedi-lo de valorizar algum aspecto peculiar do cliente que está atendendo. Aproveite cada oportunidade de fazê-lo sentir-se único e emblemático.

Mas não fique esperando que o cliente vá até você. Seja proativo e assertivo. Use criatividade na sua abordagem.

Um pouco de disciplina também ajuda: liste seus clientes mais frequentes. Anote suas características principais. Além disso, organize um calendário de "visitas", um cronograma em que você tomará a iniciativa de procurar o cliente.

"Respirar cliente" implica tratá-lo como único e emblemático. E tomar a iniciativa e ir aonde o cliente está.

Eduque e oriente o cliente. Ajude-o a escolher o melhor para si.

Nem sempre o que o cliente quer é o que de fato precisa. Educar o cliente requer uma importante habilidade: saber distinguir entre o que o cliente deseja e do que necessita de fato.

Quando entram em uma loja, nem todos já sabem exatamente o que comprar. Algumas compras são feitas por impulso. O atendente tem a enorme responsabilidade de influenciar a compra.

Esse papel pode ser exercido de duas formas. Uma é a atitude imediatista para tirar um pedido e consumar uma venda sem orientação ou questionamento, que pode dar resultados a curto prazo, mas também pode afastar o cliente para sempre. A alternativa é uma atitude mais orientadora, que pode fidelizar um cliente a longo prazo, sob risco de causar a perda da venda naquele momento.

Qual é a melhor atitude? Independentemente do nível de pressão para cumprir as metas de vendas, é importante educar o cliente para fazer a escolha mais adequada e, assim, garantir sua fidelização a longo prazo.

"Respirar cliente" significa ajudar o cliente a escolher o melhor para si (não necessariamente para você — pelo menos a curto prazo).

Dê atenção ao entorno do cliente

Já salientamos que o cliente não é apenas o sujeito que formaliza a compra ou que paga as contas. Cliente é o conjunto de pessoas que compõem o entorno do consumidor do seu produto ou serviço. Nem todos têm o poder de decidir a compra, mas influenciam tanto a decisão da compra quanto os sentimentos do consumidor sobre a transação.

Um levantamento divulgado em 2013 pelo Instituto Alana, organização sem fins lucrativos voltada ao direito das crianças e dos adolescentes, apurou que as crianças chegam a participar de 80% das decisões de compra da família: do vestido da mãe às diversões do fim de semana, incluindo o local onde a família inteira vai passar as férias e o bairro onde vai residir, e até quanto à escolha do carro: 60% opinam sobre essa compra.

"Respirar cliente" significa cuidar bem dos que o acompanham!

Esforce-se para ouvir o cliente

Um experiente corretor de seguros disse algo marcante: "Fico rouco de tanto ouvir o cliente." Na ocasião, ele havia recebido um prêmio na empresa onde trabalhava e explicava a causa de seu sucesso. Fale menos e ouça mais. Esteja sempre disposto a aprender, pois nada é definitivo. Detalhes valorizados pelos clientes hoje mudam com o tempo, até de um dia para outro.

Além disso, o que serve para certo segmento nem sempre é apreciado por outro. Por essas razões, pergunte sempre. Estimule seus clientes a dar sugestões e manifestar opiniões.

"Respirar cliente" implica saber ouvir, ouvir e ouvir.

Defenda o seu cliente

Como encantar clientes se as outras áreas da empresa não cumprem os compromissos assumidos com eles?

Vocês bem sabem que já perdemos clientes, não somente por falhas na área comercial, marketing, vendas, atendimento, relacionamento. Mas por deficiências no seu entorno, porque as áreas operacionais e de apoio não foram preparadas para lidar com eles. Ou por empresas terceirizadas que prestam serviços, em nosso nome, ao cliente. Recentemente, nossa gerente comercial me relatou um fato desagradável e uma perda de um importante cliente devido a um prestador de serviços de logística.

Seja advogado do seu cliente. Apele para que os setores competentes tomem as decisões e providências necessárias para conquistar ou para fidelizar o seu cliente. Pressione para que os interesses dele — e não os processos e normas — fiquem em primeiro plano.

Exija! "Brigue" para colocar o cliente no centro das decisões.

Não se acomode. Melhor "brigar" dentro da empresa em nome do cliente do que perder o seu cliente em nome da "amizade" de seus colegas.

144 | CLIENTIVIDADE

"Respirar cliente" exige, algumas vezes, que você "brigue" pelos seus clientes! Sem desrespeitar a ética nem a governança da empresa.

ATITUDES QUE VOCÊ PRECISA ELIMINAR OU EVITAR/DESENFATIZAR

- Desatenção ao cliente
- Falta de flexibilidade
- Lentidão nas respostas
- Julgar pela aparência
- Aceitar qualquer tipo de cliente

Desatenção ao cliente

Nada substitui o contato humano — nem a tecnologia mais sofisticada. Ainda que facilite nosso dia a dia, não permita que ela o afaste das pessoas, do contato direto com os clientes.

Um dos maiores vilões atuais do relacionamento com os clientes é o atendimento eletrônico, com longas esperas mal administradas e barreiras que dificultam o contato com o atendente. Pior ainda quando se perdem preciosos minutos escolhendo opções em sucessivas gravações programadas e, em vez de finalmente falar com um ser humano, você se depara com uma gravação orientando a acessar o site da empresa.

"O número do RG, por favor!", repetia a balconista da companhia aérea no aeroporto de Congonhas, sem olhar para o cliente — que eles chamam de "pax" no jargão interno —, mais preocupada em operar o computador. Como se o RG fosse mais importante que o portador do documento. E olha que o "pax" em questão estava na fila de prioridades e tinha todos os cartões de fidelidade possíveis.

Em restaurantes e bares é frequente ficarmos aguardando alguém se dar conta de que necessitamos de algo. Algumas vezes até o ato de pagar a conta torna-se um suplício para quem tem pouco tempo e precisa sair rapidamente para o próximo compromisso.

Se você é recepcionista, porteiro, secretária, atendente, entenda de uma vez por todas: dê atenção total a quem estiver à sua frente à espera de atendimento. E não permita que a tecnologia seja mais importante que o contato pessoal. Alta tecnologia? Aumente a dose de calor humano!

"Respirar cliente" significa dar atenção total a quem está à sua frente, aguardando para ser atendido.

Falta de flexibilidade

Ser flexível! Essa é a lição que todos precisamos aprender.

Flexibilidade não significa fazer tudo o que o cliente pede, nem atender a pedidos absurdos. Mas estar aberto a ideias diferentes, adaptar-se às novas situações, aceitar alterações e ajustes que conduzam a melhorias.

Quando não puder exercer essa habilidade no relacionamento com o cliente, pelo menos seja convincente, explicando os motivos que o impedem, com clareza e sinceridade.

"Respirar cliente" significa ter o nível de flexibilidade necessário para fazer os ajustes possíveis, sem ferir regras que não podem ser alteradas.

Lentidão nas respostas

Velocidade virou vantagem competitiva. Em tempos de comunicações e compras on-line, ninguém gosta de perder tempo. Todos querem rapidez e prioridade.

A rapidez na resposta na pós-venda é o fator determinante na fidelização do cliente. Constitui a segunda hora da verdade: quando o cliente compreende que ainda é importante para a empresa ou chega à conclusão de que sua importância se resumiu à hora de tirar o pedido. No último caso, há grandes chances de aquele pedido ser o último.

Mas, cuidado: velocidade não é afobação. Ter velocidade não significa passar por cima de etapas essenciais, sujeitando-se a erros e retrabalho. Requer iniciativa, proatividade, criatividade, presteza — mas não pressa! Correr na direção errada pode levar ao desastre.

Os clientes ficam ressentidos toda vez que desperdiçam seu precioso tempo esperando que você lhes dedique a atenção que acham que merecem.

Os casos mais evidentes e recorrentes de lentidão são as esperas nas salas de recepção dos consultórios médicos. Os pacientes se veem "obrigados" a aguardar a hora da consulta que havia sido previamente marcada.

O desrespeito ao tempo do cliente é uma das causas de maior insatisfação. Se a espera for inevitável, ajude-o a aproveitar o tempo de forma produtiva ou divertida.

Ter velocidade é ser diligente, focado, desejoso de responder, flexível e ágil. Para isso, obedeça a uma regra simples: não deixe o cliente esperando. Responda já. E se não tiver a solução, estabeleça um prazo para retornar e cumpra o prometido.

"Respirar cliente" significa ter a velocidade desejada, sendo ágil, mas sem afobação.

148 | CLIENTIVIDADE

Julgar pela aparência

Vocês se recordam do filme *Uma linda mulher*? Lembro-me bem da cena que, infelizmente, é mais regra do que exceção: ao sair para compras, a personagem vivida por Julia Roberts é menosprezada pela vendedora de uma loja de luxo, que esnoba seu jeito suburbano e sua roupa comum.

O empresário interpretado por Richard Gere percebe seu desapontamento e a acompanha até outra loja. Não só exige o melhor tratamento possível para sua protegida como avisa que está disposto a gastar uma quantia obscena. Depois, vestida com trajes elegantes e cheia de sacolas, ela passa na frente da primeira loja e faz questão de mostrar à vendedora a venda que ela perdeu.

Se você é balconista, corretor, secretária, caixa, atendente, vendedor ou relações públicas de qualquer tipo de estabelecimento e cultiva o reprovável hábito de julgar as pessoas pela aparência, pode estar causando grande prejuízo para o negócio.

"Respirar cliente" embute uma lição: jamais julgue pela aparência!

Aceitar qualquer tipo de cliente

Ao ampliar sua base de clientes, às vezes as empresas acabam atraindo inadimplentes e conquistando usuários cujo custo de transação é maior que o benefício gerado. Resultado: a rentabilidade cai à medida que o número de clientes pouco saudáveis aumenta.

Algumas pessoas o tratam como mero fornecedor, não valorizam o que você tem a oferecer, nem se importam de deixá-lo esperando horas — um tempo que poderia ser dedicado a clientes mais relevantes para o futuro.

Concentre-se naqueles clientes que valorizam o que você faz e que trazem retorno positivo. As empresas vencedoras não apenas são escolhidas, mas também escolhem seus clientes e dão o melhor de si para os escolhidos.

"Respirar cliente" significa saber escolher aqueles que reconhecem o valor que você pode agregar, em vez de aceitar qualquer tipo de cliente.

ATITUDES QUE VOCÊ PRECISA CONSOLIDAR

- **Ética e integridade**
- **Transparência**
- **Respeito aos clientes, aos concorrentes, à sociedade**

150 | CLIENTIVIDADE

Esse último grupo representa os valores que devem pautar a atuação das empresas e dos prestadores de serviços.

Há uma correlação importante entre ética e resultados. A máxima "os fins justificam os meios" cede seu lugar para a forma pela qual os resultados são obtidos. Atualmente, já se consegue monetizar o enorme custo financeiro dos deslizes éticos cometidos por dirigentes e profissionais que atuam na área comercial de várias empresas.

A transparência é outro valor a ser praticado, ao lado da ética, da integridade, da confiança, da sinergia, do aprendizado mútuo, da inovação, da paixão, da humildade, da credibilidade e do respeito — aos clientes, aos concorrentes e à sociedade. Inspirar pelos valores é uma das funções mais nobres do líder.

As ações necessárias para "respirar clientes" estão sintetizadas no Mapa de Atitudes apresentado na Figura 6, que reúne (i) Atitudes a Adquirir ou Enfatizar; (ii) Atitudes para Consolidar e (iii) Atitudes a Eliminar ou Desenfatizar.

Figura 6: Mapa de atitudes para "respirar clientes"

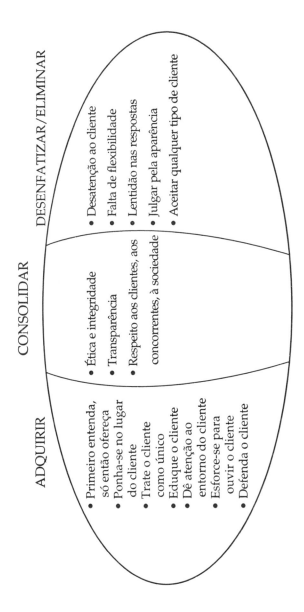

Após essa detalhada apresentação sobre as atitudes que fazem a diferença para a filosofia "RESPIRAR CLIENTE", convido você para mais uma reflexão:

REFLEXÕES #5

1. Você "respira cliente" naturalmente ou precisa se empenhar bastante para aprender a fazer isso de forma eficaz?
2. Que atitudes a adquirir, a eliminar ou a consolidar você PRECISA acrescentar ao MAPA anterior? Identifique pelo menos duas de cada que sejam importantes para o seu sucesso profissional.

CONCLUSÃO

Leitor, agora faça acontecer!
Você está preparado?

Espero que você tenha se identificado com os personagens, as situações, as histórias aqui relatadas, as ansiedades, dúvidas, provocações e descobertas. E se entusiasmado com as propostas de uma nova forma de pensar e de atitudes que podem recolocar o cliente no centro das suas decisões, não importa o seu cargo, ocupação, profissão ou tamanho do negócio na sua atividade.

Enfim, desejo que você tenha valorizado a Clientividade como a arte de falar a mesma linguagem dos clientes, reduzindo o descompasso entre o que os clientes dizem e o que as empresas entendem. Entre o que os clientes compram e o que as empresas vendem. Entre o que os clientes querem e o que você oferece!

Agora, leitor, é a sua vez. Faça acontecer. Abandone certas ideias mortas — que foram dogmas de sucesso no passado, mas precisam ser sepultadas. A partir daí, adote uma nova forma de pensar e invista em atitudes que farão toda a diferença.

156 | CLIENTIVIDADE

Conquiste, reconquiste e fidelize clientes, pois esse é tanto o maior antídoto contra qualquer crise quanto a base para crescer e se desenvolver em momentos mais auspiciosos da economia.

Optei por uma narrativa semificcional para fugir do tecnicismo normalmente atrelado ao marketing tradicional. Continuo, com este livro, minha cruzada para desmistificar conceitos-chave do mundo dos negócios, como **Estratégia e Carreiras** (tema de *Você é do tamanho de seus sonhos*), **Mudança e Transformação** (objeto de *Você merece uma segunda chance*), **Liderança** (*Você é o líder da sua vida?* e *Cartas a um jovem líder*) e a necessidade de um novo **Modelo de Negócios e Organizacional** (*A neoempresa — passaporte para o futuro*).

Fico feliz em propor uma forma de pensar que tem demonstrado ser útil tanto para grandes empresários e executivos quanto para pessoas e profissionais muito simples em vários recantos do mundo.

Priorizo uma linguagem clara, objetiva, que converse com meus leitores, em vez da forma mais rebuscada e até hermética, que só serviria para me esconder no alto de uma redoma do conhecimento afastada da realidade cotidiana. Minha missão como escritor é tornar mais acessíveis assuntos complexos que tiram nosso sono. Agora foi a vez de contribuir para um entendimento mais pragmático do desafio

da desconexão **das Empresas com seus Clientes —
seja qual for seu cargo, negócio ou profissão.**

VOCÊ SE SENTE PREPARADO para iniciar sua nova jornada buscando praticar a Clientividade?

- Está determinado a tentar?
- Sente a necessária dose de coragem?
- Percebe ser a hora certa?
- Dispõe de um plano alternativo, caso algo não funcione como esperado?

Então vou propor um desafio a você, leitor, para começar o seu dia de trabalho amanhã:

Imagine que são quase 8h. Você está entrando no seu local de trabalho. Mas, em vez de pensar que vai "começar o expediente", comece a pensar que está quase na hora de você "entrar em cena". Você vai atuar para encantar seus clientes.

Comece a pensar assim desde o momento em que acordar. Prepare-se para "respirar cliente". O seu objetivo é transformar o seu encontro com os clientes em um verdadeiro momento mágico, quer seja no escritório ou no consultório dele, quer seja na visita dele à sua empresa, à loja onde você trabalha, quer seja por meio de um telefonema ou, até mesmo, por um contato virtual.

Um bônus para você

Para continuar mentalizando sobre como vai fazer a sua transformação e construir o seu caminho em direção a um novo patamar profissional na interação com os seus clientes, acesse o site www.**clientividade**. com.br e receba, por via eletrônica, um capítulo extra do livro, na forma de um *Workbook: Como elevar seu grau de clientividade*, uma espécie de bônus para encorajá-lo a dar o primeiro passo rumo ao seu desejado futuro.

Sucesso! Conte comigo!
cesarsouza@empreenda.net
Maio 2016

best.
business

Este livro foi composto na tipologia Palatino LT Std Roman,
em corpo 12/18, e impresso em papel off-white no Sistema
Cameron da Divisão Gráfica da Distribuidora Record.

TAMBÉM DISPONÍVEL EM EDIÇÃO DIGITAL. ISBN DO EBOOK: 978-85-68905-47-0